Research Report on the Times Features & Development Regularity of Women Model Workers

巾帼劳模时代特征和成长规律研究报告

中华全国总工会女职工部
中华全国妇女联合会宣传部 ◎ 编

Women Workers Department of All-China Federation of Trade Unions
The Publicity Department of All-China Women's Federation

中国工人出版社

图书在版编目（CIP）数据

巾帼劳模时代特征和成长规律研究报告 / 中华全国总工会女职工部，中华全国妇女联合会宣传部编 . —北京：中国工人出版社，2022.8
ISBN 978-7-5008-7962-6

Ⅰ . ①巾…　Ⅱ . ①中… ②中…　Ⅲ . ①女性 – 劳动模范 – 人物研究 – 中国
Ⅳ . ① K828.5

中国版本图书馆 CIP 数据核字（2022）第 146687 号

巾帼劳模时代特征和成长规律研究报告

出 版 人	董　宽
责任编辑	蒋佩轩　董芳璐
责任校对	丁洋洋
责任印制	栾征宇
出版发行	中国工人出版社
地　　址	北京市东城区鼓楼外大街45号　邮编：100120
网　　址	http://www.wp-china.com
电　　话	（010）62005043（总编室） （010）62005039（印制管理中心） （010）62001780（万川文化项目组）
发行热线	（010）82029051　62383056
经　　销	各地书店
印　　刷	北京市密东印刷有限公司
开　　本	710毫米 × 1000毫米　1/16
印　　张	9.25
彩插印张	2
字　　数	127千字
版　　次	2022年9月第1版　2023年2月第2次印刷
定　　价	36.00元

编写说明

劳动模范是民族的精英、国家的栋梁、社会的中坚、人民的楷模。党的十八大以来，以习近平同志为核心的党中央始终关心劳模和劳模工作，礼赞劳动创造，讴歌劳模精神、劳动精神、工匠精神。习近平总书记指出，劳模精神、劳动精神、工匠精神是以爱国主义为核心的民族精神和以改革创新为核心的时代精神的生动体现，是鼓舞全党全国各族人民风雨无阻、勇敢前进的强大精神动力。巾帼劳模是中国妇女的优秀代表，中国首次使用“劳动模范”这一称谓就是授予“劳动模范妇女”的。在中国共产党领导人民进行革命、建设、改革的百年历程中，巾帼劳模奋发有为、拼搏贡献，为实现妇女解放、促进妇女全面发展、引领妇女走在时代前列发挥了积极作用。

为深入学习贯彻落实习近平总书记关于工人阶级和工会工作的重要论述以及致首届大国工匠创新交流大会贺信精神，进一步营造尊重劳动、尊重创造、劳动伟大、劳模光荣的良好氛围，建设知识型、技能型、创新型劳动者大军，激发广大女职工学习劳模、争当劳模，积极投身全面建设社会主义现代化国家、实现中华民族伟大复兴中国梦的伟大事业，以实际行动迎接党的二十大胜利召开，中华全国总工会女职工部与中国社会科学院美国研究所组成联合课题组，开展巾帼劳模专题研究并形成研究报告。报告梳理分析了在中国共产党的领导下，不同时期不同行业巾帼劳模的时代特征和时代贡献，总结提炼了巾帼劳模的成长规律和精神品质，对礼赞巾帼劳模风采、弘扬传承劳模精神、激励中国妇女在实现中华民族伟大复兴中国梦的伟大征程中发挥好“半边天”作用，具有积极意义。

该报告由中国社会科学院美国研究所魏南枝研究员执笔。中国劳动关系学院杨冬梅教授所提供的前期调研资料为报告撰写提供了很大帮助。中国工人出版社为本书的出版提供了大力支持。在此一并表示感谢。

本书如有不妥之处，敬请批评指正。

Introduction

Model workers are the elite of the nation, the pillar of the country, the backbone of society and the good example of the people. Since the 18th National Congress of the Communist Party of China (CPC) in 2012, the CPC Central Committee with Comrade Xi Jinping at its core has always been attaching great attention to model workers and relevant work, highly praised the creation with labor, and eulogized the spirit of model workers, hard work and craftsmanship. General Secretary Xi Jinping pointed out that the spirit of model workers, hard work and craftsmanship are vivid manifestations of Chinese national spirit to which patriotism is central and a spirit of the times centered on reform and innovation, as well as the powerful impetus that encourages the entire CPC and the people of all Chinese ethnic groups to march bravely, regardless of rain or shine. Women model workers are excellent representatives of Chinese women. The first time entitling "model worker" in China occurred in the awarding of "woman model worker". In the century-long course of the revolution, construction and reform led by the CPC, women model workers worked and contributed hard, and played an active role in realizing women's liberation, promoting women's all-round development and leading women to march on in the forefront of the times.

Women Workers Department of All-China Federation of Trade Unions and the Institute of American Studies of Chinese Academy of Social Sciences formed a joint research group for special research on women model workers with a research report; in order to thoroughly study and implement General Secretary Xi Jinping's important statement on the work of the working class and trade unions and the full text of Xi Jinping's letter to the First Innovation Exchange Conference for Craftsmen of the Nation, to further create good atmosphere of respecting labor, respecting creation, extolling labor and glorifying model workers, to build a knowledge-based skillful innovative labor force, to inspire the large population of women workers to learn from model workers and compete with each other to be model workers, to actively devote themselves to the great course of comprehensively developing China into a modern socialist country and realizing the Chinese Dream of national rejuvenation so as to greet 20th National Congress of the CPC with solid actions. The report sorts out and analyzes characteristics and contributions of women model workers in different historical periods and industries under the leadership of the CPC, and summarizes the regularity and spiritual qualities of women model workers. It is of positive significance in praising the demeanor of women workers, carrying forward and inheriting the spirit of model workers, and encouraging Chinese women to play the role of "half the sky" in the great journey of realizing the Chinese Dream of national rejuvenation.

The report is drafted by Wei Nanzhi, senior research fellow of the Institute of American Studies, CACC. The preliminary survey data, provided by Professor Yang Dongmei from China University of Labor Relations, provides significant helps in compilation of the report. China Worker Publishing House contributes vigorous supports for the publication of the book. All their efforts are much appreciated.

In case of any inadequacy in the book, please feel free to point it out for correction.

目　录

Contents

前　言

中国的劳模现象是世界上独一无二的，中国的巾帼劳模群体所代表的妇女解放和发展之路也是世界上独一无二的——既是妇女在中国共产党领导下，通过劳动实现自身解放并与民族解放、国家发展相结合的典范，也充分体现了中国特色社会主义道路的人民性和民主性。人民当家作主是社会主义民主政治的本质和核心，也是中国共产党不变的初心使命。中国的巾帼劳模现象是坚持党的领导、坚持人民当家作主和实践"以人民为中心"的发展思想的具体体现，是中国道路的有机组成部分。

劳动模范是工人阶级和劳动群众的优秀代表。劳模表彰是对劳动者"劳动价值"的肯定。习近平总书记指出，劳动是一切幸福的源泉。劳动模范是民族的精英、人民的楷模，是共和国的功臣。人民是历史的创造者，社会主义是中国共产党领导中国人民干出来的，工人阶级是先进生产力和生产关系的代表，表彰劳动模范是中国共产党实践群众路线的组织形式和工作方法，是对劳动者"劳动价值"的肯定。

妇女解放与社会解放是密切联系着的。妇女发展关乎人类命运和民族未来，中国妇女解放运动是中国共产党领导中国人民推进革命、建设和改革事业的有机组成部分。

习近平总书记指出，“在21世纪的今天，开创美好生活离不开妇女事业全面进步，也需要广大妇女贡献更大智慧和力量。要坚持在发展中保障妇女权益，靠发展改善妇女民生，实现妇女事业和经济社会同步发展”。中国共产党为中国人民谋幸福、为中华民族谋复兴的百年征程，也是领导中国妇女求解放、谋发展的奋斗历程。巾帼劳模是中国妇女以劳动实现自我解放的优秀代表群体，是中国共产党领导下投身社会主义革命和建设的巾帼英雄。

劳模现象最早出现在20世纪30年代土地革命战争时期的中华苏维埃共和国。首次使用“劳动模范”这一称谓就是授予“劳动模范妇女”的。毛泽东指出，“要真正求得社会解放，就必须发动广大的妇女群众来参加；同样，要真正求得妇女自身的解放，妇女们就一定要参加社会解放的斗争”。近百年来，巾帼劳模既积极投身生产劳动，又主动参与政治社会生活；既发挥主观能动性为经济社会发展作出贡献，又为促进妇女全面参与社会创造条件。因此，她们对中国妇女解放发挥着不可或缺的先锋模范作用，是推动妇女全面发展、促进社会全面进步的先锋模范群体。

回顾历史，在中国共产党的领导下，不同时代和不同行业的巾帼劳模艰苦奋斗、无私奉献、勇于创新、敢于担当，在如下两个方面发挥着“领头羊”作用。

一方面，巾帼劳模既是中国妇女实现自我解放和全面自我发展的优秀代表和先进楷模，也是劳模精神、劳动精神和工匠精神的创造者和实践者，是促进物质文明和精神文明有机统一和协调发展的典范，激励和团结中国妇女走出了一条坚持妇女主体地位、以劳动推动社会解放的中国特色妇女解放道路。

另一方面，巾帼劳模既发挥了其作为中国工人阶级先进群体的引领作用，又发挥了其在照护家庭、养育后代等社会生活中的独特作用，激励和团结中国妇女走出了一条将妇女事业、社会和谐、民族进步、国家发展紧密结合起来的中国特色妇女发展之路。

从上述两个方面来看，巾帼劳模既是中国妇女的时代领跑者，也是将中华优秀传统文化、革命文化和社会主义先进文化进行转化和发展的时代精神创造者，推动着中国妇女在实现中华民族伟大复兴中国梦的伟大征程中发挥好“半边天”作用。

巾帼劳模不仅是中国工人阶级的领军人物和妇女解放运动的先锋模范，而且为加快实现性别平等、促进全球妇女事业发展作出了重要贡献。妇女解放是伴随着劳动解放进行的，中国共产党把劳动妇女作为主要力量，将妇女运动汇入社会革命洪流，开辟了一条与西方女权运动截然不同的道路。中国的巾帼劳模群体实现了权利与义务的一致性，实现了女性和男性共同参与社会劳动、和谐相处，实现了个人价值、家庭价值和社会价值的一体化发展。

立足新发展阶段，贯彻新发展理念，构建新发展格局，推动高质量发展，必须紧紧依靠工人阶级和广大劳动群众。因此，有必要总结中国革命、建设和改革进程中不同时期巾帼劳模的时代特征，总结各时期巾帼劳模的创造活力如何被激发的成长规律，并在此基础上丰富中国劳模精神、中国妇女解放道路和中国特色社会主义民主政治内涵，用不同时代巾帼劳模所共同塑造的精神力量团结引领广大中国妇女，激励一代又一代巾帼英雄接续奋斗，发扬干劲、闯劲、钻劲，与时俱进，开拓创新，不断创造新的辉煌！

Foreword

The phenomenon of model workers in China is unique in the world, and so is the path of Chinese women's liberation and development represented by the group of women model workers. It is not only a model for women to liberate themselves through industrious work under the leadership of the CPC, an essential part of China's liberation and development, but also a personification of the nature of socialism with Chinese characteristics, which is people-centered and democratic. The running of the country by the people is the essence and heart of socialist democracy, and it has also been the unchanging aspiration and mission of the Party since the day of its founding. The phenomenon of women model workers in China is a concrete manifestation of adhering to the Party's leadership, insisting that the people are the masters of the country and practicing the people-centered philosophy of development, and is an integral part of China's path.

Model workers are outstanding representatives of the working class and working people. The recognition of model workers is an affirmation of the "value of labor" of workers. General Secretary Xi Jinping pointed out, working is the source of all happiness. Model workers are elites of the Chinese nation, role models for the people and heroes of the Republic. The people are creators of history, socialism is led by the CPC, and the working class is the representative of advanced productive forces and relations of production. Honoring model workers is the organizational form and working method of the CPC in practicing its mass line, and it is an affirmation of the "value of labor" of workers.

Women's liberation is closely related to that of the society. Women's development is key to human destiny and the future of the nation. The liberation movement of Chinese women is an integral part of the Chinese people's revolution, construction and reform led by the CPC. General Secretary Xi Jinping pointed out, "In the 21st century, a better life cannot be achieved without the all - around progress of women's cause, and it requires greater wisdom and strength from women. We must insist on safeguarding women's rights and interests in developing and improving women's livelihood by achieving synchronized development of women's cause, the economy and the society." The century-long journey of the CPC working for the well-being of the Chinese people and the rejuvenation of the Chinese nation is also a struggle to lead Chinese women to seek liberation and development. Women model workers are an excellent representative group of Chinese women who have achieved self-liberation through work and are heroines who have devoted themselves to the socialist revolution and construction under the leadership of the CPC.

In the 1930s, "Model workers" first appeared in the Chinese Soviet Republic during the Agrarian Revolutionary War, and the title was first used when the government commended "women model workers". Mao Zedong pointed out, "To truly achieve social liberation, we must mobilize women to participate; likewise, to truly achieve their liberation, women must participate in the struggle for social liberation." In recent hundred years, women model workers have actively engaged in both production as well as political and social life; they have both contributed to economic and social development by exercising their subjective initiative and created conditions for promoting women's full participation in society. Therefore, they play an indispensable pioneering role in the liberation of Chinese women and are a pioneering and exemplary group that has been promoting the comprehensive development of women and the overall progress of society.

Looking back, under the leadership of CPC, women model workers in different eras and industries have worked hard, devoted themselves selflessly and innovated and dared to take charge, playing a leading role in the following two aspects.

On the one hand, women model workers are not only excellent representatives and advanced models of Chinese women in the process of achieving self-liberation and comprehensive self-development, but also creators and practitioners of the spirit of model workers, hard work and craftsmanship. They are paragon of organic unity and coordinated development of material and spiritual civilization. They have been and are inspiring and uniting Chinese women to embark on a road of women's liberation with Chinese characteristics that adheres to women's main-stay position and promotes social liberation through labor.

On the other hand, women model workers have played both a leading role as an advanced group of the Chinese working class, and a unique role in social life such as taking care of their families and raising their offspring. They have been and are inspiring and uniting Chinese women to explore a path of women's development with Chinese characteristics that closely integrates women's cause, social harmony, national progress and national development.

From the above two aspects, women model workers are not only leaders of the times for Chinese women, but also creators of the spirit of the times to transform and develop the excellent Chinese traditional culture, revolutionary culture, and advanced socialist culture. They have been promoting Chinese women to well play the role of "supporting half the sky" in the great journey of realizing the Chinese Dream of national rejuvenation.

Women model workers are not only leading figures of the Chinese working class and the pioneering model of the women's liberation movement, but also making important contributions to the cause of global gender equality and women development. Women's liberation comes with labor liberation, and the CPC took working women as its main force and integrated women's movement into the social revolution, starting a path that was very different from Western feminist movements. Women model workers in China have achieved the consistency of rights and obligations as they participate in social labor harmoniously with men and realize the integrated development of individual, family and social values.

We are now writing the new chapter of building China into a modern socialist country in all respects. We must rely closely on the working class and the broad masses of working people in order to implement the new development concept, build a new development pattern and promote high - quality development. Therefore, it is necessary to summarize the time features of women model workers in various periods of the Chinese revolution, construction and reform as well as the development regularity of how the creativity of women workers are inspired. On this basis, we will be able to enrich the spirit of model workers, the road of women's liberation in China and the connotation of socialist democracy with Chinese characteristics, to unite and lead Chinese women with the mental strength shaped by women model workers in different historical periods, and to inspire generations of heroines to continue their struggle, carry forward their momentum, determination, and willingness to explore, so that they will be able to keep pace with the times, pioneer and innovate, and continuously make great achievements.

| 第一部分 |

不同时代的巾帼劳模

从瑞金到延安，从解放区到新中国，从改革开放到中国特色社会主义新时代，一部劳模史，可以说，就是一部中国共产党人的创业史，就是一部中国社会主义的建设史。我国首次使用“劳动模范”这一称谓就是授予“劳动模范妇女”的。不同时代巾帼劳模在各自平凡的岗位上创造出了辉煌业绩，每一个时代所推举出的巾帼劳模，都代表着该时代的先进生产力和健康向上的精神力量，呼应了时代的需要，是时代精神的产物，成为党和国家的不朽记忆。

中国共产党的百年奋斗史，镌刻着劳模精神、劳动精神、工匠精神形成发展的光辉历程。不同时代的巾帼劳模呈现出不同的时代特征，是时代精神的生动体现。在四个不同的历史阶段，巾帼劳模群体所体现的时代特征分别为：“艰苦奋斗，为革命献身”；“无私奉献，为集体争光”；“创先实干，为发展拼搏”；“开拓创新，为复兴奋进”。

一、新民主主义革命时期：艰苦奋斗，为革命献身

在新民主主义革命时期，劳模评选与表彰从最初应对经济困境的一种脱危解困手段和一种有效的社会动员方法，发展成为根据地建设一项重要的施政举措。妇女只有在经济上独立，才能够真正获得自由平等。巾帼劳模评选与表彰是中国共产党结合革命形势需要创新与实践而形成的，也是重要的妇女解放运动形式。这一时期巾帼劳模的时代特征主要体

现为“艰苦奋斗，为革命献身”。

1. 土地革命战争时期的巾帼劳模是中国历史上首批劳模

中华苏维埃共和国临时中央政府的成立确定了劳动者的主人翁地位。毛泽东在担任中华苏维埃共和国中央执行委员会主席近三年的时间里，集中精力抓苏区的经济建设，在工厂、农村等各行各业广泛开展劳动、工作竞赛。

由于五次反“围剿”战争持续了很长时间，后方生产任务主要由妇女完成。为了鼓励妇女积极参加生产劳动，中央局妇女部提出了“每个劳动妇女英勇地踏上生产战线，像红军战士上火线一样英勇”的口号，来鼓动妇女积极参加生产。在妇女劳动模范的带动下，大批劳动妇女包括一批小脚妇女被发动起来走出家庭，参加农业和工业生产，对发展苏区生产、保障前线供给和改善苏区群众生活发挥了重要作用。

据《李坚真回忆录》记叙，1934 年春，苏区妇女劳动模范代表大会在瑞金叶坪召开，部分代表中的犁耙田能手还到瑞金武阳区进行了劳动现场示范表演。毛泽东参加了现场会并指出，“封建社会有种迷信说法，说妇女犁田会遭雷公打，现在时代不同了，男女平等，男同志能做到的事情，你们女同志也可以做到”。这既是毛泽东经济建设思想和工作方法的重要体现，也是他一贯重视妇女群众在革命和建设中的巨大作用的具体体现。

毛泽东给学犁田、耙田的妇女劳动模范颁发了奖状和奖品。奖品是一条围裙和一顶竹笠，围裙上绣了“学犁耙能手”的字样，竹笠上印有“劳动模范妇女”几个大字。这是中国历史上第一次使用“劳动模范”这一称谓来称呼在生产建设中成绩卓越的劳动者。这一名词的出现不仅在中国劳模史上具有开天辟地的意义，在中国妇女解放运动史上也具有划时代的意义。

2. 巾帼劳模是抗日战争时期大生产运动的生力军

抗日战争时期，陕甘宁边区政府先后公布《陕甘宁边区人民生产奖励条例》《陕甘宁边区督导民众生产运动奖励条例》《机关、部队、学校人员生产运动奖励条例》和《陕甘宁边区劳动英雄与模范生产工作者大会及其代表的选举办法》等多个条例和办法。这是中国共产党建立政权后首次出台政府奖励劳模条例，并体现了严格落实“群众路线”的要求。1940 年，中央妇委决定在“三八节”表彰各条战线上的模范妇女，其中妇女劳动英雄占很大的比重。

中国共产党坚持领导中国妇女积极投身经济和社会发展以实现妇女解放。这一思想主张在延安时期得到了生动充分的发展与实施。妇女参加生产不仅是生产问题，还是一个政治问题。大生产运动不仅使妇女走出家门，更使其获得了经济承认和政治承认，在实际生活中改善了妇女地位，为妇女参加社会劳动、推动妇女解放事业向前发展提供了契机。人们逐渐转变了轻视劳动、视劳动者为“下人”的观念。

在陕甘宁边区、晋冀鲁豫边区、晋绥边区、晋察冀边区等抗日根据地的大生产运动中，越来越多的妇女开始走出家庭走向社会。她们广泛地组织起来，积极参加生产运动，开荒种地、纺线织布，举办妇女合作社、运输队、服务队、医疗队，开展经济建设。这一时期，边区涌现出一批巾帼劳模，她们的先进事迹被广泛宣传和颂扬。

1943 年，陕甘宁边区第一届劳动英雄与模范生产工作者大会的光荣榜上，有马杏儿、郭凤英、黑玉祥等巾帼劳模。马杏儿于 1943 年被嘉奖为“边区妇女劳动英雄”，小歌剧《兄妹开荒》就是以马杏儿作为原型创作而成的。郭凤英在此次大会上获得甲等劳模嘉奖。黑玉祥获颁“纺织起家”奖匾，并在此次大会上获得乙等劳模嘉奖。刘金英从“童养媳”成长转变，多次被评为乡、区、县、专署、边区的劳动模范。刘桂英作为拥有丰富纺织经验的 50 岁妇女，挨门逐户劝纺教织，召集妇女组成妇纺小组，帮助难民妇女，教育改造“二流子”。太行抗日根据地著名的纺织模范赵春花，被授予“纺织英雄”的称号。

延安时期妇女生产干部严重缺乏，巾帼劳模的树立为选拔干部提供了重要依据。《中国妇女》对此进行了报道：“培养干部领导生产和提拔干部要很好联系起来：要开展生产运动必须一面以开训练班等方式来提拔培养干部，一面则到实际工作中去提拔，如晋察冀把春耕中的劳动英雄都集中训练并提拔为干部就是很好的办法。”

3. 巾帼劳模是解放战争时期拥军支前的带头人

解放战争时期，在中国共产党强调“广大妇女的努力生产，与壮丁上前线同样是战斗的光荣任务”的思想指导下，“劳动光荣”的理念在根据地和新解放的城市妇女中广泛传播。广大妇女在大力开展农业生产的同时，积极参加支援前线等各项活动，在新解放城市的工厂中积极发挥作用。根据地政府实行物质奖励和精神奖励相结合的政策，广大妇女不仅可以通过劳动赚取工资，获得一定的经济权益并逐步改变以往依附于男性的附属地位，表现突出者还能在“三八节”等被表彰为劳动模范，获得精神奖励。妇女支前模范、工业劳模、农业劳模等纷纷涌现，在不同战线发挥重要作用，积极生产，支援解放战争。

作为解放战争的大后方，东北解放区高度重视开展妇女工作和生产竞赛运动。例如，1946 年 10 月，哈尔滨成立了哈尔滨妇女联合会，针对东北局解放战争时期“生产第一、支援前线”的指示，开展妇女工作，涌现出梁军、赵桂兰等一批妇女劳动模范。东北各地举行各类劳模表彰大会，一批优秀劳动妇女受到表彰。

陕甘宁、晋冀鲁豫、晋绥、山东、大别山等新老解放区积极生产，源源不断地支援各种战略物资，为解放战争的胜利提供了根本保障。其中，妇女支前模范层出不穷：支前模范“沂蒙六姐妹”，为前线将士筹粮草、运弹药、摊煎饼、做军鞋；晋察冀边区的“子弟兵的母亲”戎冠秀积极组织妇女做军鞋、送军粮，出色完成了各项支前任务；淮阴县妇女担架总队长李兰贞在淮海战役中作出突出贡献，被评为担架总队特等功臣；山东冠县特等拥军支前模范赵海英获冀南区政府和军队后方医院联合颁发的“人民功臣”匾额……

在这一阶段，各地各类巾帼劳模带动和组织了一大批妇女参与生产劳动，极大调动了妇女的积极性与创造性，推动妇女在集体中找到了自我价值，对中国妇女解放具有重要意义。各革命根据地的生产劳动主要由妇女承担，巾帼劳模在妇女群体中所发挥的先锋模范作用是突出的。各地巾帼劳模将这一传统延续到中华人民共和国成立后的农业合作化、集体化时代，对社会主义革命和建设时期的“铁姑娘队”等的形成产生了深远的影响。

二、社会主义革命和建设时期：无私奉献，为集体争光

社会主义革命和建设时期，党和政府高度重视妇女在政治、经济、文化、教育等领域的参与。毛泽东强调，“中国的妇女是一种伟大的人力资源。必须发掘这种资源，为了建设一个伟大的社会主义国家而奋斗”。

党和政府充分运用战争年代的工作经验来组织社会生产，在这一过程中，逐步把劳模评选工作制度化和常规化。各地各层级党组织和政府不断树立典型人物，授予“劳动模范”等荣誉称号。这不仅激励着巾帼劳模促进社会生产，而且倡导巾帼劳模在发动妇女参与国家建设中发挥先锋模范作用，带动形成了“人人努力工作、人人争上游”的社会风气，推动中国妇女真正成为国家、社会、家庭和自己的主人，为新中国的成立和社会主义制度的建立作出巨大贡献。这一时期巾帼劳模的时代特征主要体现为“无私奉献，为集体争光”。

1. 新中国第一批巾帼劳模的产生

1950 年国庆大典期间召开的新中国第一次全国劳模代表会议的正式名称是全国工农兵劳动模范代表会议，又被称为群英会，在中国劳模史上具有深远的意义，很多制度、规范和做法是在这次会上形成的。全国各地共推选劳动

模范代表 464 人，其中来自工业部门的有 208 人、来自农业部门的有 198 人、来自部队的有 58 人，均荣获了中央人民政府授予的“全国劳动模范”称号。

毛泽东代表中共中央在会上致辞并指出，劳动模范“是全中华民族的模范人物，是推动各方面人民事业胜利前进的骨干，是人民政府的可靠支柱和人民政府联系广大群众的桥梁”。这不仅为评选劳模、培养劳模、发挥劳模作用指明了前进方向，而且也给劳模和以劳模为榜样的人民群众以极大鼓舞和鞭策，是造就那个劳模辈出时代的重要原因之一。

本次会议受到表彰的巾帼劳模有 16 人：李凤莲、田桂英、常永芬、张秀英、赵桂兰、李兆珍、张秀珍、阎金芬、杭佩兰、陈淑德、骆淑芳、钟明月、李金妹、朱玖、孟宝玉、梁军。这批巾帼劳模以一线工人和农民为主，青壮年占比较高，其中与纺织业相关的有常永芬、李兆珍、张秀珍、阎金芬、杭佩兰、陈淑德、骆淑芳、李金妹、朱玖、孟宝玉 10 人。此外，还有“共和国第一位女拖拉机手”梁军，她是中国第一个女拖拉机队队长，作为北大荒精神的践行者，她开着拖拉机的飒爽英姿曾印在新中国第三套人民币上；有“共和国第一位女火车司机”田桂英，被称为新中国“妇女的火车头”，开辟了新中国第一代妇女参加工作的新途径；有“党的好女儿”赵桂兰，她数次排除险情保障了生产安全，并因此终身残疾，但始终坚持以革命乐观主义精神服务社会；有在血防工作中事迹突出的钟明月护士；等等。

第一次全国劳模代表会议在全社会引起强烈反响，具有继往开来的历史特征与承前启后的时代意义。一方面，此次大会体现出党和国家对劳模工作的高度重视，首次由中央人民政府政务院为社会主义经济建设和社会发展作出杰出贡献的人士，授予全国劳动模范荣誉称号；另一方面，一大批巾帼劳模被表彰，在广大中国妇女中弘扬和宣传了以积极劳动为标准的女性革命英雄主义，对传统的“男尊女卑”的观念和歧视妇女、贬低劳动的话语形成了强有力的冲击，促进了传统性别文化和观念的改变，推动了中国妇女积极参与恢复发展国民经济、进行社会主义建设。

2. 巾帼劳模为建立社会主义制度作出巨大贡献

1950年第一次全国劳模代表会议召开后，劳模评选作为一种制度被正式确立下来，党和政府发动以劳模运动为核心的一系列生产运动，社会主义劳动竞赛开展过程中涌现出一批劳动模范，积极投身大规模工业建设。随着全国广泛开展先进生产者运动，涌现出一大批巾帼劳模，她们为国民经济的恢复和各项建设作出了巨大贡献。

例如，全国劳模丁志辉1951年参加抗美援朝，担任医疗手术大队队长。全国劳模郝建秀所创建的“郝建秀工作法”的推广，不仅大幅提升了纺织工人的工作效率，对当时国民经济的发展乃至正在进行中的抗美援朝都具有重大意义。为了巩固新生政权，广大妇女在巾帼劳模表率作用的激励下，积极投身土地改革，通过物品捐献、送夫送子参军、加紧生产增收等方式，支援抗美援朝战争。

全国劳模申纪兰组织妇女劳动，并在劳动过程中与其他妇女一起争取男女同工同酬；全国劳模、植棉模范张秋香等成为推动妇女走合作化道路的带头人。在巾帼劳模的带动下，越来越多的妇女参与到生产劳动和土地改革中，成为合作社的社员与国家的主人。到 1956 年，全国已有 1.2 亿农村妇女参加了农业合作社；城镇地区的妇女积极参加对农业、手工业和资本主义工商业的社会主义改造和新中国各方面的建设。

经过大规模群众性扫盲运动和推广男女平等受教育权等，城乡妇女在巾帼劳模榜样作用的激励下，大规模走出家庭、走向社会，农村妇女大规模参加农业生产劳动，城市妇女实现了广泛就业，在短时间内由“家庭中人”成为“社会中人”。在新中国轰轰烈烈的建设热潮中，这些逐渐解放思想的妇女走上了不同的工作岗位，积极成为新中国劳动者，在政治上和经济上都获得主人翁地位，充满了报效国家的劳动热情。

在 1950 年劳模表彰均为一线工人、农民的基础上，1956 年的全国先进生产者代表大会有了一些新变化。这次选出的女全国劳模中，以上海国棉二厂裔式娟为代表的工人代表占了绝大多数，且集中在煤炭、纺织、电力、铁路、邮电、运输、机械制造等工业战线。此外，还出现了以北京电影制片厂于蓝为代表的多个行业的女性知识分子的身影。

3. 巾帼劳模在曲折探索中积极投身社会主义建设

党和国家在 1959 年召开了全国工业、交通运输、基本建设、财贸方面社会主义建设先进集体和先进生产者代表大会（也被称为全国群英会），在 1960 年召开了全国教育和文化、卫生、体育、新闻方面社会主义建设先进单位和先进工作者代表大会（也被称为全国文教群英会），评选产生了以黄宝妹等为代表的大批女全国劳模和女先进工作者，为推动经济社会发展和妇女事业进步积蓄了充足的动力。例如，沈阳国营724军工厂的工人尉凤英是20世纪50年代沈阳工业战线技术革新运动的一面旗帜，连续多年被评为劳动模范。1965年，尉凤英被誉为“毛主席的好工人”。

巾帼劳模在苦、累、脏、险的工作岗位上忘我工作，埋头苦干、任劳任怨、无私奉献，赢得了人民的尊重，带动了广大城乡妇女积极参与社会主义建设。1964年，《人民日报》刊发了题为“妇女能顶半边天”的文章，明确提出妇女在社会主义经济建设中具有重要作用。

“文化大革命”发生后，部分巾帼劳模处于艰难处境之中。在此期间，一大批女性工人和知识分子积极投身国防工业和三线建设，在中西部地区的13个省、自治区进行了一场大规模的国防、科技、工业和交通基础设施建设，以极大的生产热情和深沉的家庭情感展现出“家国一体”情怀，推动了中西部地区的妇女解放。

全国性的劳模评选活动停止了17年之后，1977年，全国工业学大庆大会表彰了以铁路客运系统受人尊敬的老先进女职工路金妹为代表的60名女全国劳模；1978年，全国科学大会表彰了以我国首位女天文台长、德高望重的叶叔华院士为代表的71名女先进科技工作者；1978年，全国财贸学大庆学大寨会议表彰了以“拿菜一抓准、算账一口清”而闻名全国的天津售货员张士珍为代表的186名女全国劳模和179名女先进工作者。这三次大会的表彰对象是1960—1978年的劳动模范，其中相当比例受表彰的巾帼劳模和先进工作者是国防工业和三线建设的先进人物。与此同时，专业领域知识分子开始走上劳模领奖台，一大批科技战线的女性先进人物走进人们的视野。

三、改革开放和社会主义现代化建设新时期：创先实干，为发展拼搏

在改革开放和社会主义现代化建设新时期，国家建设的重心转变为“以经济建设为中心”，我国逐步从计划经济体制向社会主义市场经济体制转变。随着社会主义市场经济的不断发展，劳模工作得到了恢复发展，一批批新时期巾帼劳模涌现。

巾帼劳模以主人翁精神迎来改革开放，为建立和发展社会主义市场经济、推动社会主义现代化建设的全面展开作出基础性贡献，并积极投身全面建设小康社会，在推动经济社会科学发展中大显身手。这一时期的巾帼劳模覆盖社会各个层面，她们深耕专业，在改革的浪潮里找到了最能展示自身魅力也最能体现女性精神的时代切口，其时代特征主要体现为“创先实干，为发展拼搏”。

1. 巾帼劳模是推动社会主义现代化建设的中坚力量

党的十一届三中全会后，1979 年，党中央、国务院第一次提出关于“模范”和“先进”的理论判断，这个判断是以“是否对推动生产力发展有显著作用”和“是否为社会主义建设事业作出较大贡献”为界定标准，以此确立了劳模作为社会发展“风向标”的地位。

1979 年，国务院表彰工业交通、基本建设战线全国先进

企业和全国劳动模范大会与国务院表彰农业、财贸、教育、卫生、科研战线全国先进单位和全国劳动模范大会在北京举行。这两次大会的表彰对象是1978—1979年的先进典型，评选标准也转向为经济建设和改革开放作出突出贡献，体现了特定历史阶段国家对完成特定领域建设任务的迫切需要。其中，表彰了以山东省青岛市第七棉纺织厂江爱珍为代表的工业交通、基本建设战线的女全国劳模29人，以北京修鞋女工杜宝荣为代表的农业、财贸、教育、卫生、科研战线的女全国劳模75人，不少拥有绝活绝技的高素质女职工成为全国劳模。

邓小平关于“知识分子是工人阶级的一部分”的思想，扩大了劳模队伍的外延，鼓舞了知识分子和脑力劳动者的工作热情，不少知识分子成为劳模。例如，江西妇产科专家符式珪、内蒙炼焦专家唐嗣孝、河南洛阳耐火材料研究院高级工程师胡世平、新疆水泥厂工程师许秀华等专业领域的高级女知识分子在这两次表彰大会上被评选为全国劳模，她们在各自的专业领域都作出了卓越贡献。

进入改革开放的社会转型期后，人们的社会生活面临巨大转变，迫切需要通过弘扬劳模精神向全社会传递凝心聚力的实干意识。这一阶段评选的巾帼劳模，以实际行动践行“以经济建设为中心”，激发了各条战线女职工发挥工作干劲。

2. 巾帼劳模在社会主义市场经济中建功立业

1989年前的劳模表彰大会基本上都是用行业来取名，主要是因为当时很多企业的性质是国有企业和集体企业。1989

年举办的全国劳动模范和先进工作者表彰大会延续了历次劳模表彰大会的做法，给予劳模代表极高的礼遇。评选条件首先是“热爱祖国、坚持四项基本原则，拥护改革开放总方针”，其次是“在各自的工作岗位上作出重大贡献者”；劳模评选时限和范围是“1980年以来涌现的全国劳模和先进工作者”。国务院共授予2790人全国劳动模范和全国先进工作者称号，女性比例为17.74%，其中有来自各条战线的284名女全国劳模和211名女全国先进工作者，例如山西平顺县西沟乡西沟村申纪兰、江苏省体委的孙晋芳等。

从1995年开始，全国劳动模范和先进工作者评选表彰工作基本形成了每五年一次的评选周期，每次评选表彰先进个人3000名左右，由国务院授予全国劳动模范或全国先进工作者称号。劳模表彰的名称、频次、人数等趋于稳定，多年来培养和表彰了一批批女全国劳模和女先进工作者。

依靠诚实劳动创造财富的劳模文化延续发展。1995年全国劳动模范和先进工作者表彰大会共授予2877人全国劳动模范和全国先进工作者称号，女性比例为17.55%。以山西省昔阳县大寨村党支部书记郭凤莲为代表的306名女全国劳模、以河南省文化厅常香玉为代表的199名女全国先进工作者被表彰，她们广泛分布在各行业各领域。

2000年全国劳动模范和先进工作者表彰大会共授予2946人全国劳动模范和全国先进工作者称号，女性比例为19.89%。以北京市公共交通总公司李素丽为代表的329名女全国劳模、以山东省作家协会张海迪为代表的257名女全国先进工作者被表彰，其中以内蒙古自治区磴口县蒙古族牧民额尔敦苏为代表的少数民族女全国劳模49人。她们是社会主义市场经济条件下巾帼劳模的典型代表，为建立和发展社会主义市场经济作出了重要贡献。

3. 巾帼劳模在全面建设小康社会征程中贡献智慧力量

在全面建设小康社会这一历史阶段，为了增强代表性和时代性，劳模评选开始覆盖到各行各业和社会各个层面的群体。

2005年，私营企业主和进城务工人员首次被纳入全国劳模评选表彰范围，衡量劳模的关键指标由“无私奉献”表述为“对事业有突出贡献”。2005年，全国劳模评选规定企业职工不少于推荐评选名额总数的45%，其中企业一线工人和专业技术人员不低于所推荐的企业职工数的55%。2005年全国劳动模范和先进工作者表彰大会共授予2969人全国劳动模范和全国先进工作者称号，女性比例为17.07%。以徐州重型机械有限公司闫丽娟为代表的304名女全国劳模、以敦煌研究院院长樊锦诗为代表的203名女全国先进工作者被表彰，其中以云南纺织（集团）股份有限公司纺织厂白族挡车工刘会珍为代表的少数民族女全国劳模60人。

2010年全国劳模评选突出了推动经济发展方式转变、优化经济结构、提高自主创新能力等方面的条件，分布广泛、类别齐全、代表性强。2010年全国劳动模范和先进工作者表彰大会共授予2895人全国劳动模范和全国先进工作者称号，女性比例为20.44%。以云南省德钦县邮政局云岭乡邮政所藏族邮递员尼玛拉木为代表的341名女全国劳模、以长春市冬季运动管理中心运动员周洋为代表的251名女全国先进工作者被表彰，其中以新疆伊犁哈萨克自治州统计局哈萨克族干部阿依努尔・艾力木江为代表的少数民族女全国劳模67人。这一时期的女全国劳模和女先进工作者，具有强烈的责任感和务实精神，成为各行各业汇聚智慧和力量的女职工带头人。

四、中国特色社会主义新时代：开拓创新，为复兴奋进

党的十八大以来，中国特色社会主义进入新时代，党和国家坚持“以人民为中心”的发展思想，不断实现人民对美好生活的向往。以习近平同志为核心的党中央坚持全心全意依靠工人阶级的方针，始终关心关爱劳模、高度重视劳模工作，倡导尊重劳模、尊重人才的理念，明确指出必须充分发挥工人阶级主力军作用。劳动模范是民族的精英、人民的楷模，是共和国的功臣。这些指导思想继承并丰富了马克思主义的劳动观，深化并发展了劳模精神的中国属性和时代品格。

新时代的巾帼劳模牢牢把握为实现中国梦而奋斗的时代主题，把自身前途命运同国家和民族前途命运紧紧联系在一起，把个人梦同中国梦紧密联系在一起，积极践行劳模精神、劳动精神和工匠精神，营造劳动光荣的社会风尚和精益求精的敬业风气，充分发挥示范带头作用，创建了一批劳模创新工作室，走进工厂、社区、校园进行劳模精神宣讲，激发了广大人民群众特别是女职工队伍的人才活力，为实现中华民族伟大复兴的中国梦而共同努力。这一时期的巾帼劳模

的时代特征主要体现为“开拓创新，为复兴奋进”。

1. 巾帼劳模以主人翁的姿态为坚持和发展中国特色社会主义作出新贡献

2013 年 4 月 28 日，习近平总书记来到全国总工会机关，看望全国各条战线、各个时期、各行各业的劳动模范代表，并同全国劳动模范代表座谈。党的总书记到全国总工会机关，是新中国成立以来的第一次。山西省昔阳县大寨村党总支书记郭凤莲、潍柴动力股份有限公司“三高”试验队队长常国丽、哈尔滨市农业机械局原总工程师梁军等全国劳模代表在座谈会上发言，申纪兰等全国劳模代表参加。此次座谈会对劳动模范给予高度评价，各行各业的巾帼劳模都深受鼓舞，团结带动周围群众为实现中国梦努力拼搏。

2014 年 4 月 30 日，习近平总书记在乌鲁木齐接见劳动模范和先进工作者、先进人物代表时指出，一代又一代的劳动模范和先进工作者、先进人物，是我国劳动人民的杰出代表，是祖国和人民的骄傲。劳动模范以强烈的主人翁责任感，立足本职，争创一流，集中体现了伟大的时代精神、创业精神、奉献精神，为国家和民族增添了绚丽光彩。劳动模范和先进工作者、先进人物不仅自己要做好工作，而且要身体力行向全社会传播劳动精神和劳动观念，让勤奋做事、勤勉为人、勤劳致富在全社会蔚然成风。

在 2015 年全国劳动模范和先进工作者表彰大会上，时隔 36 年国家再次以最高规格——以党中央、国务院的名义表彰全国劳动模范和全国先进工作者，共授予 2968 人全国劳动模范和全国先进工作者称号，女性比例为 22.3%。以珠海格力电器股份有限公司董明珠为代表的 390 名女全国劳模、以东华大学阎克路为代表的 272 名女全国先进工作者被表彰，其中以布依族人、安徽黟县洪星乡红光村党总支书记金玉琴为代表的少数民族女全国劳模 90 人。习近平总书记在大会上的讲话对工人阶级和广大劳动群众的贡献给予高度评价，对劳动和创造的价值给予充分肯定，对调动劳模群体的积极性、主动性、创造性产生了重大影响。

2016 年 4 月，习近平总书记在安徽主持召开知识分子、劳动模范、青年代表座谈会时指出，“无论从事什么劳动，都要干一行、爱一行、钻一行”。只要踏实劳动、勤勉劳动，在平凡岗位上也能干出不平凡的业绩。

2020 年全国劳动模范和先进工作者表彰大会共授予 2493 人全国劳动模范和全国先进工作者称号，女性比例为 23.14%。以山西航天清华装备有限责任公司韩利萍为代表的 331 名女全国劳模、以湖北省中西医结合医院张继先为代表的 246 名女全国先进工作者被表彰，其中以西藏阜康医疗股份有限公司护士长索珍为代表的少数民族女全国劳模 66 人。她们是爱岗敬业、勇于创新、品格高尚、业绩突出的先进模范人物。在这次大会上，习近平总书记对劳模精神、劳动精神、工匠精神作出全面系统深刻阐述，强调劳模精神、劳动精神、工匠精神是以爱国主义为核心的民族精神和以改革创新为核心的时代精神的生动体现。

新时代营造劳动光荣的社会风尚和精益求精的敬业风气，不同行业的巾帼劳模用自己的先进思想、模范行动团结、影响和带动着全社会特别是广大女职工把人生理想、家庭幸福自觉融入实现中华民族伟大复兴的生动实践。在“中国制造”要升级为“中国创造”的当口，巾帼劳模坚持“辛勤劳动、诚实劳动、创造性劳动”，以国家主人翁姿态为坚持和发展中国特色社会主义作出贡献，把中国发展进步的命运牢牢掌握在自己手中，以劳动共同托起中国梦，谱写出“中国梦·劳动美”的新篇章。

2. 巾帼劳模将个人理想与民族复兴相融合，以劳动托起中国梦

习近平总书记指出：“我国广大妇女积极投身新时代中国特色社会主义事业，以巾帼不让须眉的豪情和努力，起到了‘半边天’的重要作用。特别是在决胜全面建成小康社会、决战脱贫攻坚、抗击新冠肺炎疫情等各个战线上，广大妇女奋勇争先、顽强拼搏，充分展现了新时代女性风采。”

“农民工代言人”朱雪芹从“打工妹”成为“新上海人”，从新一代纺织女工成长为上海市总工会副主席（兼职）、上海市总工会女职工委员会副主任，快乐集团上海企业发展有限公司党委副书记，靠的就是奋勇争先、顽强拼搏。她自学拿到高中文凭，将“工作学习化、学习工作化”，勤学苦练，创新工艺流程，“一见棒”产品 18 年蝉联上海市名牌产品。2008 年，朱雪芹当选上海市首位农民工全国人大代表，2010 年被评为全国劳模，她一直致力于维护农民工权益，帮助教育农民工子女中的失足者，用自身经历向世人证明了新时期农民工的形象——积极向上，努力用知识改变命运。

云南省迪庆藏族自治州德钦县云岭乡邮政所邮递员、藏族“溜索姑娘”尼玛拉木始终坚持全心全意为人民服务的宗旨，认真履行邮政普遍服务的职责，徒步在雪岭峡谷递送邮件，8 年来行程达 20 余万公里，从没有延误过一个班期，没有丢失过一封邮件，投递准确率达 100%。《人民日报》刊发了评论员文章《尼玛拉木让我们肃然起敬》，号召全国人民向尼玛拉木学习。

2020 年是决胜全面建成小康社会、决战脱贫攻坚之年。在这场人类历史上规模最大、力度最强、惠及人口最多的脱贫攻坚战中，活跃着一群巾帼劳模的身影，包括驻村干部、致富带头人、返乡青年、爱心企业家、乡村教师等。例如，2015 年全国劳模、河南省固始县张老埠乡桥头村党支部书记汪荣秀同县扶贫工作队和乡村干部一起同吃同住，做细做实精准扶贫，确保“一户一策”落到实处，贫困户按时按质脱贫；2020 年全国劳模、四川南充市高坪区阙家镇利光村党委书记蒲俊竹坚守在农业战线，2012 年发起成立南充市高坪区溪头乡五马寨柑橘种植专业合作社至今，以“一人富不算富，一村富才算富”要求自己，带动 100 多户贫困户脱贫奔小康，成为柑橘种植的行家里手和业务尖兵；2020 年全国劳模刘仙会在黄土地上带领家乡父老乡亲开办蔬菜专业合作社，建成“贫困人员技能培训教室”，帮助村里的贫困户发展特色蔬菜，并带领群众共同努力建设西北地区有名的优质高端蔬菜生产销售基地；留守农村 15 年的沂蒙山区蒙阴县留守妇女牛庆花在农村电商领域艰苦探索，带领当地百户贫困家庭脱贫致富，当选 2020 年全国劳动模范。

在抗击新冠肺炎疫情的工作中，2020 年受表彰的女全国劳模中有以张继先为代表的一线抗疫工作者，作为“最美逆行者”，她们给了人民群众很大的安全感。石狮市基层社区工作者、石狮市玉湖社区党委副书记林丽娜，做到了“防控有速度，服务有温度”，“英雄守前线，我们援后方”，“疫情防控哪里需要，哪里就有她的身影”，让劳模精神在社区疫情防控一线闪光；山西孝义市新义社区卫生服务中心主任梁萍，20多年来扎根基层多个卫生院，开展健康教育，推动医院基础设施建设等工作，在抗击2020年新冠肺炎疫情的工作中带领社区卫生服务中心全体职工坚守抗疫一线，亲力亲为“传帮带”，立足实践做好基层基本医疗和基本公共卫生工作；甘肃新乐连锁超市的负责人李玲，临危受命、冲锋在前、奋力承担起抗疫保供责任，第一时间在企业内部成立抗疫保供战时指挥部并任总指挥，统一调动资金、人力、配送车辆，及时筹集资金用于重点商品采购，水果、蔬菜、鲜肉等商品进行现金直采，以最快速度保障居民需求。

党的十九大报告提出，要建设知识型、技能型、创新型劳动者大军，弘扬劳模精神和工匠精神，营造劳动光荣的社会风尚和精益求精的敬业风气。新时代是奋斗者的时代，推进高质量发展需要更多新时代爱岗敬业的奋斗者，需要树立劳动最光荣、劳动最崇高、劳动最伟大、劳动最美丽的理念。传承和弘扬劳模精神和工匠精神的关键是倡导和传播劳动观念和创造精神，弘扬劳模精神谱写好新时代劳动者之歌，让劳模和工匠成为新时代的“闪耀明星”。

各时期各行业的巾帼劳模用自己的优秀品格、先进事迹、宝贵精神，诠释了工人阶级和劳动群众的伟大和力量。

以全国工会劳模工匠巡回宣讲团、新时代巾帼劳模工匠宣讲团等为代表的各种形式的劳模宣讲团在各地进企业、进机关、进校园、进社区，讲述她们爱岗敬业、匠心筑梦、奋斗圆梦的故事，激励广大女职工在每个平凡的岗位上都能闪闪发光，倡导以劳动创造幸福、争做新时代的奋斗者，激励更多胸怀祖国、服务人民的人才茁壮成长、脱颖而出。这些巾帼劳模致力于弘扬劳模精神，营造尊重劳动、尊重创造、劳动伟大、劳模光荣的良好社会氛围，推动诚实劳动、勤勉工作蔚然成风，成为新时代优秀女性的缩影和劳动明星。

3. 知识型、技能型、创新型巾帼劳模助推高质量发展

实体经济是我国经济的重要支撑，做强实体经济需要大量技能型人才，需要大力弘扬劳模精神、劳动精神和工匠精神，以此带动培养造就更多劳模工匠。2014 年，全国总工会向工会系统推广劳模创新工作室“江苏经验”。2017 年 2 月 6 日，习近平总书记主持召开中央全面深化改革领导小组第三十二次会议，审议通过《新时期产业工人队伍建设改革方案》。

劳模创新工作室作为一个重要内容，写入了党中央国务院的文件，旨在发挥劳模在示范引领、创新攻关、带徒传技等方面的辐射作用。截至 2021 年底，全国总工会已经公布三批共 297 个“全国示范性劳模和工匠人才创新工作室”。中国中车集团易冉劳模创新工作室等一批以巾帼劳模名字命名的劳模工作室相继成立。这批以巾帼劳模命名的创新工作室，以党建引航，广泛开展岗位练兵、技能竞赛、技术培训、技术交流等活动，厚植工匠文化，传承工匠基因，加快知识型、技能型、创新型技术工人队伍建设，一方面充分发挥了巾帼劳模在创新实践中的示范引领和骨干带头作用，另一方面有利于推进新时期产业工人队伍建设改革。

易冉劳模创新工作室组建于2010年，领衔人易冉被誉为“电焊花木兰”。工作室团队以行业专家、大学教授、培训教师、劳模标兵、一线骨干等技术带头人为主体，下设技术顾问组、培训教学组和创新攻关组三个工作小组，专业覆盖了货车制造焊接系统各领域。该工作室培养了大批高技能人才，先后参与中车株洲车辆有限公司焊接攻关项目试验100余项，新材料焊接工艺性及工艺评定试验60余项，获各类荣誉和奖励400余项。

天津大港油田宫艳红劳模创新工作室位于大港油田采油三厂作业六区第三管理站，它不仅是人才成长的摇篮，更是技能人才的孵化器。工作室通过“周末提升课堂”，量身定制培训“套餐”，采取“师徒结对子”，手把手授课，肩并肩学习，使职工的综合素质得到很大提升。工作室坚持以生产难点为着力点，把研发便捷、实用、数控高精度加工作为主攻方向，积极开展课题立项攻关，解决了大量生产难题。

匠客梦工坊是2010年全国劳模、中航西安飞机工业集团股份有限公司国际航空部件厂“薛莹班”荣誉班长薛莹和同事们成立的创新工作室。它既像一个家，又像一个研究室。工作30年来，薛莹带领全体组员改进操作方法、工艺流程，实行精益制造等百余项创造创新，赢得国际航空制造合作公司的高度认可。以她名字命名的“薛莹班”和“匠客梦工坊”，先后交付7000余架优质垂直尾翼，将中国制造不断推向新的高度。

丘红慧劳模创新工作室创办了广东省中小学教师工作室——丘红慧名师工作室以及广东省丘红慧劳模和工匠人才创新工作室，承办了十几期省级骨干教师跟岗学习培训班和100多场专题讲座，培养了一批骨干教师和优秀教师，充分发挥了学科带头人和劳动模范的示范引领作用。

国网株洲供电公司廖丽萍创新工作室成立于2011年。廖丽萍带领团队先后获得各项专利、成果200余项，解决了众多电力工作一线上的实际问题。廖丽萍致力于培养电力工作人才，还经常与青年开展座谈，课内课外相结合，教书育人兼顾。

东方航空公司李文丽空中服务创新工作室通过“树立一个、培养一批、带动一片、造就一代”的路径，打造东航客舱的人才高地，为带动东航客舱队伍成长、向旅客提供更优质服务发挥了独特作用，通过“传帮带”，让劳模精神与优秀的专业素养薪火相传、不断发扬光大。

这一批巾帼劳模创新工作室正在突破专业、行业和区域界限，探索劳模创新工作室集约化、联盟化、网络化发展新模式，推动群众性技术创新活动融入企业研发链条、融入国家创新体系，引领带动技能人才成长，形成人人出彩的机制，为高质量发展建功立业。

| 第二部分 |

巾帼劳模的成长规律

在中国革命、建设和改革进程中，人是最活跃、最具创造性的因素。中国共产党领导的妇女解放运动，将经济独立作为妇女解放的首要前提，而妇女要获得经济独立，就要参加社会生产劳动。巾帼劳模是中国妇女参加社会生产劳动的模范带头人，是马克思主义妇女解放思想中国化的实践者。巾帼劳模群体的历史变迁体现出不同行业在不同时代的发展变化，但其共同的成长规律是：始终在中国共产党的领导下，坚定不移听党话跟党走；既有实干苦干加巧干的本领，有无私奉献的精神，在自己的岗位上忘我拼搏，用诚实劳动创造了卓越成绩，又都能发挥模范带头作用，坚持与国家利益、时代要求和集体需求相结合，坚持走群众路线，团结带动周围群众建功立业。

不同时代的巾帼劳模具有共同的劳模精神，那就是“爱岗敬业、争创一流，艰苦奋斗、勇于创新，淡泊名利、甘于奉献”。不同时代的巾帼劳模群体呈现出多行业多样化组合，以体现不同历史阶段对不同劳动价值的肯定。总的趋势是，社会对巾帼劳模劳动价值的评判，逐渐从初期的“苦干加巧干型”向“知识型、技能型、创新型”方向转变；从倡导“甘当老黄牛”向强调“创造性劳动”方向转变；从强调“忘我工作”向提倡“发挥好对家庭和社会的独特作用”方向转变。这是中国妇女解放事业的重要探索，也为全球妇女事业作出了重要贡献。

一、共同特质

作为国家发展的见证者、参与者、奉献者，巾帼劳模在中国共产党的领导下，勤学苦练、大胆创新，在平凡的岗位上干出了不平凡的业绩。作为中国妇女参加社会生产劳动的模范带头人，巾帼劳模在不同时代的行业分布以及评选标准的变化，充分体现了中国妇女与时俱进的成长历程，也是中国妇女知识化技能化的过程。尽管不同时代的巾帼劳模成长机制有所区分，但她们的共同特质主要包括如下两个方面：

1. 用劳动创造卓越成绩

中国共产党领导中国革命和建设始终坚持“紧紧依靠群众，放手发动群众”，让群众成为生产运动的主体和经济建设的主力军，并由劳动群众推举有基础、有威信、有号召力的劳动模范，以不断带领群众、引领风尚。人民群众在党的领导下广泛参与生产运动，群众的劳动热情被大大激发，从而不断创造出新纪录和新成就。

劳模的评选标准虽然随着时代的变迁不断发生变化，但评选始终坚持面向一线、面向群众、面向基层的原则，来自普通岗位的一线工人、专业技术人员和农民一直是巾帼劳模的主要构成人员。她们之所以成长为全国劳模，最根本的共同点是，崇尚劳动、爱岗敬业、争创一流，在诚实劳动中创造卓越、体现自己的人生价值。

首先，巾帼劳模有实干苦干加巧干的本领。中国产业工人在自主创新的道路上一刻也没有停歇，例如老一代巾帼劳模郝建秀创造了“郝建秀工作法”，黄宝妹探索了“单线巡回、双面照顾、不走回头路”的先进操作法等。2010 年全国先进工作者、济宁职业技术学院机电工程系教师庄竞从教 30 载，躬身教改，勤于实践，构建了“科技创新+人才培养”新高地。2020 年全国劳模、四川川锅锅炉有限责任公司集箱分厂电焊工唐成凤认为，“我追求的美不是一个人的容貌美，我追求的美是技能之美、技艺之美、工匠精神之美”。她咬牙坚持、钻研技术，在焊接岗位凭借精湛技术被誉为“焊接玫瑰”，并投身培训焊接人才，还到一线解决生产中出现的焊接问题。

其次，巾帼劳模有无私奉献的精神。例如，新中国首批全国劳模中的梁军，作为新中国劳动妇女的代表，她驾驶着拖拉机奔驰在黑土地上。她大学毕业后回到了北大荒，从拖拉机手变成农机专家并一辈子辛勤工作和服务国家，她的故事激励了一代代女性劳动者，直至今天。2000 年全国劳模、浙江仙居县农业局种子站站长施探薇用 40 多年的青春扎根农业，在农技推广、良种繁育、引种试种推广、种子经营工作中有 17 项科技成果获得各种奖励，退休后成立了“仙居县老干部劳模工作室”，积极投身志愿服务活动。2020 年全国劳模、中国航发湖南动力机械研究所主任设计师赵海凤被誉为航空发动机总体结构设计领域的“花木兰”，她深入外场保障一线，工作中挑苦活、挑累活，研制中选难题、选前沿，以高质量产品和服务为用户提供可靠动力。

再次，巾帼劳模有在自己的岗位上忘我拼搏的意志。例如，“毛主席的好工人”尉凤英在工作岗位上勤勤恳恳、不为名利、革新技术，退休后把主要精力放在带徒弟、关心下一代上。2000年全国先进工作者、云南省华坪县民族中学校长张桂梅以共产主义信仰为办学教育理念，行善助学、勇挑重担、爱生如子、傲笑病魔，展示了锐意改革、敢打敢拼的光辉形象。2015年全国劳模、中国航空工业集团公司北京航空材料研究院研究员邹金文立下志向，“这辈子就踏踏实实干这一件事情——专心致志地研究粉末盘”。2020年全国劳模邱宝珠表示，“坚持专心专注，习惯严谨认真；付出总会有收获，它可能会迟到但不会缺席”。2020年全国劳模李一芝，29年如一日，将自己的全部精力奉献给了呼和浩特社区建设。小区垃圾难清理，她是清洁工；供暖管道出故障，她是维修工；邻里之间闹矛盾，她是调解员……多年来，她为居民排忧解难，被称为社区“好书记”和居民“贴心人”。

2. 在群众中发挥模范带头作用

劳动模范是党和群众之间的桥梁，因为他们本身既是群众中的一分子，了解实际情况，能够把人民群众的呼声带上来；同时他们在群众中又有很高的威信，思想觉悟高于普通群众，能够把党的路线和政策传达下去。因此，劳模表彰是实践群众路线的一条重要工作策略。

在党领导人民奋斗的历史进程中，工人阶级始终紧跟党的前进步伐，勇挑重担。在各个历史时期，广大巾帼劳模以高度的主人翁责任感，坚持与国家利益、时代要求和集体需求相结合，坚持来自群众、扎根岗位，团结带动周围群众，为全国各族人民特别是广大女职工树立了光辉的学习榜样。

首先，巾帼劳模坚持与国家利益、时代要求和集体需求相结合。第一代巾帼劳模黄宝妹坚持做纺织车间工作42年，践行了“这辈子就要当纺织工人，一辈子就只做一件事，就是为全国人民穿好衣这个目标奋斗”的决心。工作期间，她管理的三纺细纱车间被评为上海市劳模集体；退休后，她协助新疆生产建设兵团到石河子市筹建棉纺厂，又牵头组织20多位离退休劳模集资成立上海英豪科技实业公司，帮助有困难的老劳模，该公司被称为“劳模公司”。她还成为上海市“百老德育讲师团”成员，为孩子们讲党史，进行革命传统教育。

1979年全国劳模、洛阳耐火材料研究院高级工程师胡世平强调，她这一生专心只做两件事：听党话跟党走、干耐火材料发展的实事，这就是她的初心和使命。从大东北到大西北再到中原，她对党组织的调派从不讲条件，并在中国耐火材料研制方面作出了卓越贡献。退休后，她指导帮助行将关闭的炼钢企业，攻关耐火材料难题，使多个企业起死回生。

其次，巾帼劳模坚持服务人民群众，团结带动周围群众。例如，第一代全国劳模裔式娟耐心细致地进行“传、帮、带”，1953年“裔式娟小组”被正式命名为“全国纺织工业模范小组”，不仅产量高，而且质量好，还重视思想政治工作，成为全国工业战线上的一面红旗。

1959年、1977年和1979年3次受到表彰的女全国劳模瞿兰香与7名工友一道组成全国闻名的“八闯将”小组，并受到毛泽东、周恩来等老一辈无产阶级革命家的接见。她所工作的班组后来还培养出了陆永兰等3位全国劳模。

2015年全国劳模、南京港集团港口机械厂技术管理部部长沙夕兰带领研发团队不断进行技术创新。她认为，在培育和践行社会主义核心价值观的过程中，劳动模范发挥作用要“自己努力践行，然后带动身边人，通过每个人的努力、创新，实现中国梦”。

2020 年全国劳模、国网株洲供电公司检修公司经理廖丽萍坚持把每一件简单的工作做好，守护万家光明，还把这种精神不断传递给团队的成员。她用“五心”来总结自己的心得，即对岗位要常怀责任之心，对事业要常怀进取之心，对同事要常怀包容之心，对本领要常怀危机之心，对团队要常怀感恩之心。廖丽萍的创新工作室不仅是年轻职工学习技术提升技能的培训基地，更是职工技术创新的中心。

从 20 年前的下岗女工到宁夏吴忠市红寺堡区大河乡龙源村滩羊产业科技扶贫基地的“领头雁”，2020 年全国劳模寇启芳创建了“科技联户”服务模式，推动宁夏滩羊关键技术研究应用达到世界先进水平，带领一大批贫困人口走上脱贫致富之路。

再次，巾帼劳模是中国妇女的学习榜样，是培养女干部的重要来源。劳动模范不但在生产和工作中起带头作用，同时又在集体里起骨干作用，她们成为团结群众特别是女职工的核心力量，推动生产和各项工作不断改进和发展。没有这些巾帼劳模作骨干，就不会有模范班、排、连和模范单位的创造。

例如，赵梦桃以无私奉献的精神成为新中国劳动者的先进代表，是 20 世纪 60 年代人们的精神偶像。她使得“人人当先进，个个争劳模”蔚然成风。作为赵梦桃小组组长，翟福兰在 1979 年被评为全国劳动模范，韩玉梅在 1989 年被评为全国劳动模范，周惠芝在 2005 年被评为全国劳动模范，刘小萍在 2010 年被评为全国劳动模范，何菲在 2020 年被评为全国劳动模范，一代代巾帼劳模接过了“梦桃精神”的旗帜。

巾帼劳模当中的许多人经过国家选拔，被培养成为不同岗位上的干部。例如，1951 年被授予全国工业劳动模范称号的郝建秀就是从纺织女工成长为全国政协副主席的，等等。目前，有统计显示，巾帼劳模在所在单位担任行政职务的比例较高，担任各级党代表、人大代表、政协委员的已经接近半数，还有一定比例的巾帼劳模进入党政领导机构。

二、就业分布

劳动创造世界，奋斗成就伟业。在不同的历史时期，巾帼劳模的行业覆盖面有着不同的特点。随着中国经济社会的巨大变化，各种新行业、新业态不断出现，生产者和创业者并存，知识型、技能型、创新型人才受到重视。

1. 从以工农为主发展为覆盖各行各业各层面

1950 年，新中国第一次评选全国劳动模范，主要对象来自工业、农业等行业。鉴于当时中国以农业生产为主的国情，专门规定了农业劳模的评选条件。巾帼劳模的行业分布以纺织业为主。

新中国成立初期的 4 次全国劳模表彰大会，在会议名称、评选条件和表彰对象方面差异明显，对巾帼劳模的表彰重点从工人、农民、军人转移到工业战线先进人物，再到文教战线先进人物。

改革开放前后，中国出现了劳模表彰的第二次高潮，两年多时间里举办了 5 次全国劳模表彰大会，“生产力”标准成为当时劳模评选的主要标准。在明确“知识分子是工人阶级的一部分”之后，知识分子和科研人员占巾帼劳模队伍的比例不断扩大，覆盖工业交通、基本建设、农业、财贸、教育、卫生、科研战线等。

1989 年全国劳动模范和先进工作者表彰大会实现了行业全覆盖，受表彰者分别来自工业、农业、交通、财贸、基建、科研、教育、文化、卫生、体育等 51 个系统或行业。女国企领导者以改革者的形象走到劳模表彰的前台，此外，还有女运动员当选。

进入 21 世纪后，劳模评选覆盖到各行各业和社会各个层面的群体，女性私营企业主以及进城务工人员的当选，体现出女劳模人员构成的显著变化。

进入新时代以来，巾帼劳模的行业和人员构成都体现出“劳动光荣、知识崇高、人才宝贵、创造伟大”的时代特征。

2. 从“苦干加巧干型”向“知识型、技能型、创新型”方向转变

随着巾帼劳模学历、知识、能力逐步提高，巾帼劳模开始从“出大力、流大汗、苦干加巧干”向知识型、技能型、创新型人才转变。

新民主主义革命时期的巾帼劳模以农业为主，很多人文化水平很低，也说不出什么深刻的道理和体会，是党组织的培养逐步提高了她们的文化水平和思想觉悟。

新中国成立之初的巾帼劳模大多是工农兵出身，她们在旧社会吃过苦，对新社会、对中国共产党有深厚的感情，经过教育启发，就会产生很强的阶级意识、主人翁精神。从1956年开始，巾帼劳模队伍中出现了教师、医生、文艺工作者等女性知识分子的身影。

改革开放和社会主义现代化建设新时期的巾帼劳模，文化水平普遍较高，对专业、职业、行业、岗位的认识很深，也有很强的使命感。

1989年全国劳动模范和先进工作者表彰大会表彰的女全国劳模，既有福建公路养路工——“一颗闪光的铺路石”林芸芸代表的一线工人，也有西藏人民广播电台对外部副主任格桑卓玛代表的专业人才；既有著名运动员孙晋芳代表的文体人才，也有山东海信集团李德珍代表的锐意改革、开拓创新的厂长经理等。

1995年全国劳动模范和先进工作者表彰大会表彰的女全国劳模，既有山西省昔阳县大寨村党支部书记郭凤莲，也有优秀运动员邓亚萍等。

2000年全国劳动模范和先进工作者表彰大会表彰的女全国劳模，既有敢为人先的女村官、全国杰出创业女性南昌鄱阳湖大酒店集团有限公司董事长罗玉英，也有全国优秀女企业家天津华明集团董事长刘乃兰，还有“公交贴心人”李素丽等。

2005年全国劳动模范和先进工作者表彰大会表彰的女全国劳模，既有甘肃敦煌研究院院长樊锦诗，也有下岗创业女工、河北石家庄华莹玻璃制品有限公司董事长杨明华，还有内蒙古乌拉特后旗赛乌素镇牧民乌兰其其格等。

2010 年全国劳动模范和先进工作者表彰大会表彰的女全国劳模，既有产业工人代表航空工业西安飞机工业（集团）有限责任公司国际航空部件厂班长薛莹，也有西藏日喀则市江当乡雄卓村农民旺珍，还有深圳经济特区 30 年杰出模范人物深圳报业集团深圳特区报社社会新闻中心徐华工作室主任徐华等。

新时代的巾帼劳模评选表彰越来越强调劳动者的敬业精神、职业道德和技能创新，让劳模融入大众，更好地领跑时代。

2015 年全国劳动模范和先进工作者表彰大会表彰的女全国劳模，专科及以上学历者占比明显提升，理财规划师、农艺师等新职业、新称谓开始出现。其中包括，天津出入境检验检疫局动植物与食品检测中心实验室主任、高级农艺师刘跃庭，内蒙古恒泰证券股份有限公司通辽中心大街证券营业部经理、理财规划师田春艳，白族作家、中国民族报社社长、中国民族音像出版社社长景宜，为核电国产化作出了杰出贡献的中核苏阀科技实业股份有限公司数控加工高级技师沈赤枫，一辈子致力于研究航空发动机涡轮部件的“皇冠”粉末盘的中国航发航材院邹金文等。

2015 年全国劳模朱玉华，作为来自河南农村的“北漂”农民工，自费创办夜校，为农民工提供法律学习、技能培训、心理辅导和职业帮扶，并组成了一个 1100 多人的河南籍在京农民工志愿者团队。她回报家乡建立“河南蔬菜北京的家”，投身环保成立北京首资新能源科技有限公司推行电动汽车的物流运营，从农民工成长为北京市丰台区总工会兼职副主席、河南省周口市驻京农民工工会主席。

2015 年全国劳模王玉玲是山西太钢技术中心铁路用钢实验室的首席研究员、教授级高工，她长期奋战在企业的一线，从事新产品和新工艺研发工作，负责完成了铁路重载车轴钢、高速动车车轴钢、机车车轴钢、城际列车车轴钢、出口车轴钢和电机转轴用钢开发等多项重点工作，为我国车轴钢系列产品达到国际领先水平、填补国内空白作出了突出贡献。

2020 年全国劳动模范和先进工作者表彰大会表彰的女全国劳模，有农民工的贴心大姐、沈阳晟佰特清洁服务有限公司家政服务员王义华，新时代农民的领跑者、宾川冬梅蔬菜水果专业合作社理事长张冬梅，藏族工人代表人物、甘肃省玛曲县市政监察大队环卫工吾尔白，新冠肺炎疫情下通信网“护航者”、中国电信股份有限公司广州分公司网络操作维护中心主任邓艳梅，“疫情上报第一人”、湖北省中西医结合医院呼吸与危重症科主任张继先等。

2020 年全国劳模、中国石油集团公司技能专家刘丽扎根采油井场 29 年，研制创新成果 200 余项，用勤奋与韧劲解决了一个个生产难题，成长为享誉行业内外的大国工匠，2021 年 6 月获得中华技能大奖，成为此项奖项设立以来第一位获得排名第一的女性产业工人；2020 年全国劳模、同济大学建筑设计研究院（集团）有限公司汽车运动与安全研究中心主任姚启明被誉为“中国赛道设计第一人”，是唯一一位国际汽联认可的中国赛道设计师；2020 年全国劳模、北京公共交通控股（集团）有限公司第四客运分公司第一车队驾驶员常洪霞安全行车近 50 万千米，提出“十心实意”服务法，被评为“全国十大最美公交司机”，带领“洪霞创新工作室”研发出防冻液加注机、过滤水再利用装置、公交车玻璃封窗器等 7 项成果。

三、精神价值

在中国共产党领导的革命和建设实践中，妇女解放的“延安模式”跳出了共产国际强调走出家庭的理论和实践窠臼，巾帼劳模群体所形成的精神价值对中国特色的妇女解放运动具有重要意义。

1. 丰富中国共产党人精神谱系和弘扬社会主义劳动价值观

评选和表彰劳动模范，继而宣传和弘扬劳模精神，是中国共产党创立和运用的一种有效的社会动员方法。中国共产党人精神谱系第一批伟大精神中的南泥湾精神、北大荒精神、女排精神、脱贫攻坚精神、抗疫精神等都有着一代代巾帼劳模的身影。巾帼劳模以卓越的劳动创造、忘我的拼搏奉献享有崇高声誉，备受人民群众特别是广大妇女尊敬，成为传递党和国家要求、团结群众特别是广大妇女进行革命和建设的桥梁和纽带。

劳模精神孕育于革命战争年代，形成于社会主义革命和建设时期，发展于改革开放和社会主义现代化建设新时期，光大于中国特色社会主义新时代，成为中国共产党人精神谱系的重要组成部分，劳模精神的时代内涵在不断丰富。

革命时期，“延安模式”实现了马克思主义妇女解放理论的本土性提升。通过将女劳模树立为典型和榜样的方式动员妇女，将党的价值观推广到城市和乡村基层；通过表彰妇女劳动英雄和改造不劳动的“二流子”，新的劳动观念和劳动道德得以建立。表彰巾帼劳模不仅推动了妇女在生产劳动中提高劳动标准、焕发劳动热情，改善了妇女的家庭地位，提升了妇女的组织动员意愿和能力，还有利于调解家庭矛盾和加强对基层社会的治理。巾帼劳模成为地方基层的新精英分子和妇女工作的当地力量，使妇女政策的制定和执行能契合城乡实际。

中国共产党将妇女解放放在中国历史和实践情境中予以具体化，走出了有中国特色的妇女解放道路，奠定了新中国妇女解放事业的思想基础、物质基础和文化基础，为中国特色社会主义劳动观的形成提供了宝贵的制度理念、思想资源、组织力量和历史经验。

新中国成立初期的巾帼劳模是中国共产党树立起来的女性榜样，具有“又专又红”的特点，即政治觉悟高且有一技之长，身体力行党和政府的政策，积极参加生产劳动和社会活动。在全面建设社会主义时期的女劳模特别是先进生产者具有明显的“技术特征”，技术创新作为一个新的劳动观念被提出，即从强调体力劳动和吃苦耐劳，逐步转变为重视技术创新和管理变革，说明巾帼劳模群体同社会共同进步并走向全面发展。

以申纪兰为代表的巾帼劳模是对中国社会进行社会主义改造的积极推动力量。互助组和合作社不但是行政权力主导的、依靠严格纪律运行的合作劳动的基层经济生产组织，同时也是具有群众基础的政治动员和治理单位。在巾帼劳模的带动下，妇女参加集体劳动有分红，通过劳动确立了主体的经济政治身份，成为改造家庭的革命力量，传统家庭结构逐步被改造，妇女以劳动赢得了自我解放。

巾帼劳模群体始终坚持肯定“劳动价值”。在实现中华民族伟大复兴的征程中，巾帼劳模是中国妇女解放运动的“启蒙者”和“播种机”，是中国特色社会主义事业的优秀建设者。在中国共产党领导下，巾帼劳模群体为开拓发展中国式现代化新道路不断贡献力量，致力于建设一个既有高度物质文明又有高度精神文明的社会主义中国。

2. 为社会主义精神文明建设提供营养和载体

不同时期的巾帼劳模群体在各自所在的特定历史时期作出了重要贡献，她们在技术革新和技术革命运动中“敢想、敢说、敢做”，在社会主义劳动竞赛中“比、学、赶、帮”，在日常生活与工作中是中国妇女的榜样。巾帼劳模群体集中反映了社会主义社会的本质和主流，她们所代表的品质和思想大大超出普通中国妇女的思想水平，从而在组织推动中国妇女解放历程中具有榜样的力量，成为中国妇女学习的榜样。

随着时代的发展，巾帼劳模的评选标准、人员结构、精神内涵发生了许多新变化，但“爱岗敬业、争创一流，艰苦奋斗、勇于创新，淡泊名利、甘于奉献”的劳模精神，始终是宝贵精神财富和强大精神力量，不断为中国当下和未来的精神文明建设提供营养和载体。

例如，共和国勋章获得者、全国女劳模申纪兰多次当选全国人大代表，她推动了中华人民共和国的第一部《宪法》规定，“中华人民共和国妇女在政治的、经济的、文化的、社会的和家庭的生活等各方面享有同男子平等的权利”。她一生信守“劳动就是解放”，所主张的“男女同工同酬”对于推动中国妇女解放、激励一批又一批巾帼劳模的产生，从价值和制度两个方面发挥了基础性作用。

“男女同工同酬”在1978年正式写入宪法。1978年《宪法》第53条规定：“妇女在政治的、经济的、文化的、社会的和家庭的生活各方面享有同男子平等的权利。男女同工同酬。”1982年《宪法》第48条承继了相似的表述：“中华人民共和国妇女在政治的、经济的、文化的、社会的和家庭的生活等各方面享有同男子平等的权利。国家保护妇女的权利和利益，实行男女同工同酬，培养和选拔妇女干部。”

1982年后，《宪法》历经1988年、1993年、1999年、2004年、2018年多次修正，但都保留了第48条的表述。“男女同工同酬”在价值层面上，不仅体现“男女平等”，更是社会主义社会的要求。由巾帼劳模所推动的妇女解放与“男女平等”都是新中国追求的使命与目标，也与国家的社会主义性质相连接。

四、“双重作用”

巾帼劳模不仅在人民群众特别是妇女群体中发挥了引领作用，而且发挥了其对于家庭和社会的独特作用，其“双重作用”为推动物质文明和精神文明协调发展、促进社会全面发展作出了卓越贡献，是中国革命和建设历程中所积累的宝贵的社会主义财富。

1. 发挥其作为中国工人阶级先进群体的引领作用

劳动使妇女获得了合法性地位和人格尊严。走出家庭、参与劳动蕴含着极大的解放力量，是马克思主义妇女解放的逻辑化的思想延伸。中国共产党将妇女勤劳的民间伦理建构到社会主义革命与建设的话语中，表彰巾帼劳模群体是塑造劳动观念和社会主义道德话语的重要路径，劳动本身成为道德评判的标准。巾帼劳模群体代表劳动妇女获得了一种尊严，这种被承认的尊严带来了妇女的平等感、责任感和荣誉感。

巾帼劳模群体不断发展壮大，发挥了其作为中国工人阶级中先进群体的引领作用，她们在坚持和发展马克思主义劳动解放理论的基础上，结合国情、世情、时情的实际变化和妇女解放的需要，不断推进马克思主义妇女劳动解放理论的中国化、时代化、大众化，为民族独立、人民幸福贡献了巨大力量。例如，2020 年全国劳模、中国航天科技集团一院长治清华机械厂数控铣工韩利萍，在承担神舟飞船、探月卫星发射支持系统和国家重点武器装备产品的研制生产中，多次临危受命，攻克制约工程研制的技术难关，成为以“毫厘”精神托起火箭的“蓝领院士”。又如 2020 年全国劳模、国网无锡供电公司电缆运检室主任何光华，凭借创新成果《高落差高压电缆线路无损施工技术创新及应用》荣获国家科学技术进步奖二等奖。

从中华苏维埃共和国临时政府时期开始，巾帼劳模群体发扬团结协作、互助友爱的精神，加强妇女团结，加强工人阶级同其他劳动群众的团结，坚定战胜各种困难的信心和决心，始终是中国共产党执政的坚实依靠力量。

2. 发挥其在照护家庭、养育后代等社会生活中的独特作用

社会主义革命和建设时期，作为基本生产和政治单位的家庭经过改造后予以巩固和团结，并在中国共产党指导下建设新家庭。在巾帼劳模群体的榜样力量推动下，中国妇女参加劳动获得了身份和地位的承认，劳动使妇女走出家庭，成为具有主体性的新人，进而成为改造和巩固家庭的革命力量。从走出家庭参加集体劳动到组织起来参加基于家庭的生产，妇女解放与家庭生活的连接得以建立，实现了个人劳动与社会主义建设、传统伦理和革命理想的糅合。

中华人民共和国成立以来，中国女性在巾帼劳模群体的带动下，“一手抓生产，一手抓生活”，成功转换身份，通过参与公共劳动成为有收入者，并且充分使用社会主义的话语和思维，积极调整家庭内部的不平等关系，让包括丈夫在内的所有成员都参与家务劳动，这就是针对家庭内部的性别分工。

习近平总书记指出，“做好家庭工作，发挥妇女在社会生活和家庭生活中的独特作用”，“要坚持以社会主义核心价值观为统领，引导妇女既要爱小家，也要爱国家，带领家庭成员共同升华爱国爱家的家国情怀、建设相亲相爱的家庭关系、弘扬向上向善的家庭美德、体现共建共享的家庭追求”，“要帮助妇女处理好家庭和工作的关系，做对社会有责任、对家庭有贡献的新时代女性”。

随着经济社会的发展，巾帼劳模群体从“舍小家顾大家”的形象逐渐向“小家与大家兼顾，先大家后小家”转变。老一辈女劳模率先垂范，传承优良家风、厚植家国情怀，是“小家与大家兼顾”的典范。第一代巾帼劳模黄宝妹“四代同堂”的大家庭先后荣获“全国文明家庭”和“全国最美家庭”。2020年新冠肺炎疫情期间，黄宝妹又充分发扬模范作用，带头号召家人和小区居民一起捐款捐物，为抗疫贡献自己的力量。

2015年被中宣部和全国总工会授予“最美职工”荣誉的女全国劳模沙夕兰提倡高效工作和快乐生活相结合。她形容自己的生活是“两点一线”，自己的特长是“善于平衡”。人生的这个天平上，事业一边的砝码有多重，家庭一边的砝码就要有多重。正如她所说的，“从克服小难题开始，慢慢积累自信，再克服一个个大难题，成长进步就是个自然的过程了”。

2020年全国劳模王义华在生活中用助人为乐的方式与态度，帮着弟弟妹妹在沈阳安了家，还动员全家一起帮助身边需要的人。她心系农民工的善举得到了丈夫和两个女儿的大力支持，他们也积极参与到帮助农民工的志愿服务中来，大女儿王爽是一名舞蹈老师，经常利用业余时间给农民工子女免费上课。2019年，王义华家庭获得“全国最美家庭”殊荣。

青岛地平线蔬菜专业合作社理事长姜波是全国三八红旗手、山东省劳动模范，作为从田间走出的劳模，她和丈夫一起创业把青岛农产品带进“大国工匠货殖坊”、带领村民共同致富；作为母亲，她积极动员独生子吴俊杰去参军。2021年，姜波家庭获得“全国最美家庭”殊荣。

中华全国总工会“培育好家风——女职工在行动”主题实践活动深入挖掘各级劳模、先进、工匠、技能人才中的优秀职工家庭，大力宣传职工在弘扬家庭美德、彰显文明风尚、诠释幸福内涵等方面的突出事迹和时代精神，为推动形成爱国爱家、相亲相爱、向上向善、共建共享的社会主义家庭文明新风尚贡献力量。

巾帼劳模群体以自己的实际行动践行了习近平总书记所说的，“国家好，民族好，家庭才能好”，“中国人历来讲求精忠报国，革命战争年代母亲教儿打东洋、妻子送郎上战场，社会主义建设时期先大家后小家、为大家舍小家，都体现着向上的家庭追求，体现着高尚的家国情怀”。

五、世界意义

女性的权利和地位是衡量时代进步与否的重要标志，妇女权利的扩大是历史进步的重要反映。恩格斯认为，“在任何社会中，妇女解放的程度是衡量普遍解放的天然尺度”。中国共产党为完成民族独立、人民解放和国家富强、人民幸福两大历史任务作出了艰辛探索和不懈努力。作为践行中国特色妇女解放之路和发展之路的代表群体，巾帼劳模群体形成了自己的传统，为全球妇女解放事业作出了重要贡献。

1. 巾帼劳模是践行中国特色妇女发展之路的代表群体

中国共产党“为什么能”，中国共产党所开创的中国特色社会主义“为什么好”，中国的巾帼劳模群体近 90 年的发展历程给出了完美的答案。将女性解放、劳动解放和政治参与相结合，本身就是中国共产党开展妇女革命动员和妇女解放事业的特点之一。

妇女解放是中国共产党成立以来一贯的号召和主张。1922 年 7 月，党的二大《关于妇女运动的决议》是中国历史上第一个关于妇女运动的纲领性文件。文件明确提出只有在社会主义社会，妇女解放才能完全实现。“妇女解放是要伴着劳动解放进行的，只有无产阶级获得了政权，妇女们才能得到真正的解放。”

这一主张打破了传统的性别分工模式，重构了中国社会的性别关系，使妇女获得了经济独立，改变了女性的社会身份，提高了她们在家庭中的地位，从而改变了中国传统的家庭关系。巾帼劳模树立的光辉形象，激励和推动妇女参与劳动生产，既是妇女解放本身的需要，也是社会主义革命和建设事业的需要，二者是和谐统一的。中国妇女所蕴藏的劳动热情、创造伟力和发展潜力在巾帼劳模群体带动下得以充分激发，妇女劳动解放有了大踏步的历史性飞跃和根本性保障。

新中国妇女通过参加社会生产劳动和国家与社会事务的管理打破了传统的性别分工，无论是在家庭生活中，还是社会生活中，妇女的劳动解放推动了“男女平等”的思想深入人心，并体现在政治、经济、社会、文化等各个方面。中国妇女实现社会解放的过程是妇女在巾帼劳模等先进群体带动下实现整体自我解放、自我塑造的过程。性别平等的问题也是生产关系的一部分，没有生产关系的改造，是无法真正实现性别平等和妇女解放的。

根据美国劳工部劳工统计局 2018 年劳动统计国际比较报告《全球劳动参与率数据报告》，中国的劳动力总量和劳动参与率都居世界第一，其中，中国男性劳动参与率达到了90%，与巴西等国持平；中国女性劳动参与率近70%，远高于世界其他主要经济体（美国约59%，德国约52%，法国约51%，日本约48%，印度约29%）。从这个对比数据来看，妇女的广泛劳动参与是创造中国奇迹的主要原因之一。而女职工群体在过去近百年特别是中华人民共和国成立以来的迅速扩大，与巾帼劳模群体的带动作用是密不可分的。

值得注意的是，尽管全社会就业人员中女性占比超过四成，中国绝大部分家庭仍然保持了女性是家务劳动主要承担者的传统，因此，中国女性被视为中国与其他主要经济体比较优势的主要来源。巾帼劳模带动广大妇女在进行社会生产建设的时候，也在进行家庭建设和生活建设，也就是说，经济建设和社会建设二者是同步进行的。

在巾帼劳模群体的带动下，中国的“男女平等”基本国策落到了实处，同时也推动了中国妇女地位的提高。除了大规模参加社会生产劳动外，出身工农家庭的巾帼劳模成为妇女参与国家和社会事务管理的生力军，充分体现了中国特色社会主义道路的人民性和民主性。因此，巾帼劳模是中国特色妇女发展之路的重要代表群体。

2. 巾帼劳模为全球妇女解放事业作出重要贡献

习近平总书记指出，“在革命、建设、改革各个历史时期，我们党始终坚持把实现妇女解放和发展、实现男女平等写在自己奋斗的旗帜上，始终把广大妇女作为推动党和人民事业发展的重要力量，始终把妇女工作放在重要位置，领导我国妇女运动取得了历史性成就，开辟了中国特色社会主义妇女发展道路”。

从“五四”之前几千年的“男权—父权—夫权”的社会，中国迅速转型为推动“男女平等”和改变女性地位的新社会。许多国际发展组织把中国视为发展中国家的楷模，其中重要的原因就是从20世纪50年代到70年代，在健康（防疫、保健、医疗）、教育（包括全民扫盲特别是妇女扫盲）和基础设施（灌溉、农田水利等）这三个领域中，中国是发展中国家中做得最好的。特别是党的十八大以来，在以习近平同志为核心的党中央领导下，中国组织实施了人类历史上规模空前、力度最大、惠及人口最多的脱贫攻坚战。2021年2月25日，习近平总书记在全国脱贫攻坚总结表彰大会上庄严宣告中国脱贫攻坚战取得了全面胜利。尤其对妇女、儿童、老人和残疾人等群体中特殊困难人员加大帮扶力度，实现脱贫的近1亿贫困人口中妇女约占一半。占世界人口近1/5的中国全面消除绝对贫困，提前10年实现《联合国2030年可持续发展议程》减贫目标，这被国际社会广泛认为是人类历史上规模最大、最有力的反贫困斗争。这在全世界是独一无二的，也是中国建设取得成功的重要原因。广大巾帼劳模在这个过程中发挥了极为重要的作用，例如1950年全国劳模梁军等女工人、1979年全国劳模李春华等赤脚医生、2000年全国先进工作者张桂梅等乡村女教师、2020年全国劳模沂蒙山区留守妇女牛庆花等脱贫攻坚劳模，等等。一代代巾帼劳模在中国共产党的领导下，与国家政治经济社会发展紧密结合在一起，奏响了“咱们工人有力量”的主旋律，为全球妇女解放事业作出了重要贡献。

巾帼劳模是女性由妇女解放运动的客体对象，变为妇女解放运动的主体参与者的典型代表群体。

在中国共产党的领导下，中国妇女的命运与社会主义革命和建设的实践相伴而生。在这一过程中，劳动是引发变革的根本性因素，巾帼劳模通过劳动，实现了从身体到思想的自我解放。

巾帼劳模群体所代表的劳模精神和所体现的强烈价值感，所推动的人与人之间的互助团结，所提倡的女性与男性共同参与社会劳动，所带领的积极生产和群众文体活动的丰富开展等，个性鲜明，富有独特气质，有自己的主体性，强调权利与义务相一致，有利于家庭、社会和国家的和谐发展。

巾帼劳模群体不仅依靠妇女自身的力量让性别平等落到实处，而且推动中国妇女走在时代前列。

来自全国各地各行业和各民族的大批女性工人、农民、知识分子成为劳动模范，她们不仅在平凡的岗位上铸就不平凡，是物质文明和精神文明的创造者，是人民群众的模范带头人，是推动社会发展和进步的重要力量；而且成为重要的干部培养来源，不少巾帼劳模担任各级党代表、人大代表、政协委员等，极大地增强了出身普通家庭的中国妇女进行政治参与和管理公共事务的机会与能力。

巾帼劳模群体是强调无私奉献的“大我”群体，她们以劳动实现自我解放和推动经济社会发展；她们主动承担起更大的责任，团结人民群众，激励和带领广大中国妇女共同奋斗，为实现妇女的自我解放而不懈努力，更为全球妇女解放事业作出了重要贡献。

1943年，陕甘宁边区第一届劳动英雄与模范生产工作者大会的光荣榜上，有马杏儿、郭凤英、黑玉祥等巾帼劳模。

In 1943, on the award list of the First Labor Heroes and Model Production Workers Conference of Shaanxi-Gansu-Ningxia Border Regions, Ma Xinger, Guo Fengying and Hei Yuxiang were included.

1943年，马杏儿被嘉奖为“边区妇女劳动英雄”，小歌剧《兄妹开荒》就是以马杏儿作为原型创作而成的。

In 1943, Ma Xinger was awarded as a “Woman Worker Expert in the Border Area”. The operetta *Brothers and Sisters Reclaiming Wasteland* was created based on the deeds of Ma Xinger.

1947年6月10日，当时的鲁中军区机关报《鲁中大众报》做了题为“妇女支前拥军样样好”的报道，从此，“沂蒙六姐妹”的名字传遍了整个沂蒙山区。她们源源不断支援各种战略物资，为前线将士筹粮草、运弹药、摊煎饼、做军鞋。

On June 10, 1947, the then *Luzhong Dazhong Daily*, the official newspaper of Luzhong military region, published an article titled “*Great Women Supporting the Army*”. From that time, the name of the “Yimeng Six Sisters” was spread throughout the Yimeng mountainous area. “Yimeng Six Sisters” raised food, transported ammunition, cooked pancakes and made shoes for the frontline soldiers.

1950年，梁军荣获全国劳动模范称号。作为新中国首批全国劳动模范，她大学毕业后回到北大荒，从拖拉机手变成农机专家并一辈子辛勤工作和服务国家。

In 1950, Liang Jun was awarded as a National Model Worker. As one of the first batch of the award-winners in New China, she returned to the Great Northern Wilderness of China after graduating from college. She started as a tractor driver and grew into an agricultural machinery expert, contributing her hard efforts and wholehearted services to China throughout all her life.

1951 年，郝建秀荣获全国工业劳动模范称号。她所创建的“郝建秀工作法”的推广，大幅提升了纺织工人的工作效率，对当时国民经济的发展乃至正在进行中的抗美援朝都具有重大意义。

In 1951, Hao Jianxiu was awarded as a National Industrial Model Worker. The promotion of her “Hao Jianxiu’s work method” not only greatly raised the work efficiency of textile workers, but also was of great significance to the development of the economy and the War to Resist US Aggression and Aid Korea at that time.

1956 年、1959 年，尉凤英两次荣获全国劳动模范称号。她被称为“毛主席的好工人”。她是 20 世纪 50 年代沈阳工业战线技术革新运动的一面旗帜。

In 1956 and 1959, Wei Fengying was twice awarded as the National Model Worker. She was praised as “Chairman Mao’s excellent worker”. In the 1950s, she was a flag of the technological innovation movement on Shenyang’s industrial sector.

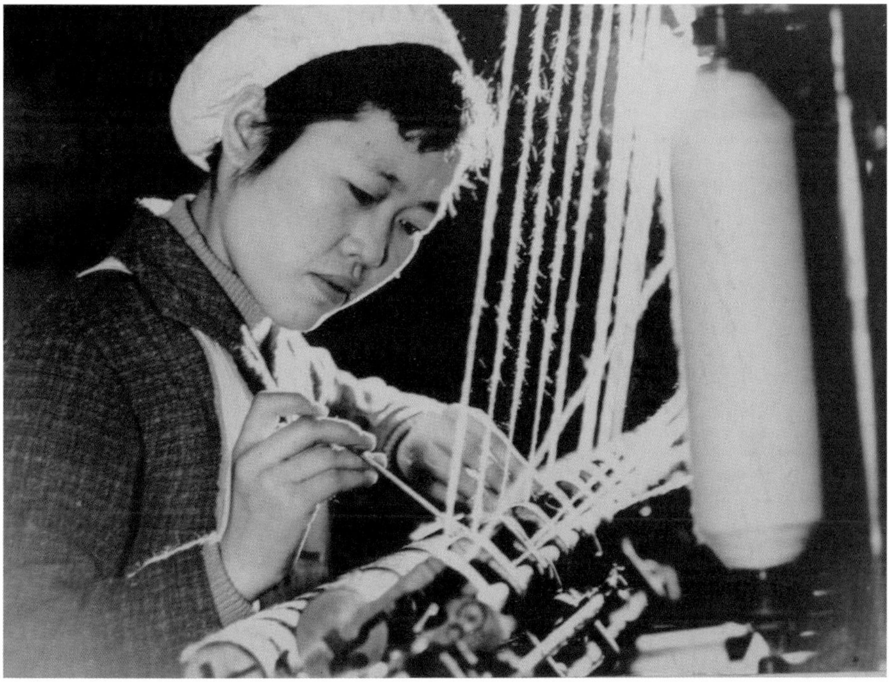

1956年、1959年，赵梦桃两次荣获全国劳动模范称号。在学习“郝建秀工作法”活动中，赵梦桃以最优异的成绩第一个戴上了“郝建秀红围腰”。她第一个响应“扩台扩锭”的号召，看车能力提高了3倍。“梦桃精神”在纺织战线代代相传。

In 1956 and 1959, Zhao Mengtao was twice awarded as the National Model Worker. In the campaign of learning “Hao Jianxiu’s work method”, she became the first to be able to wear the “red apron of Hao Jianxiu”. She was the first to respond to the initiative of “expanding the workbench”, increasing the efficiency by 3 times. Generations of women model workers passed on the banner of “the Mengtao Spirit” from one to another.

1979年、1989年，申纪兰两次荣获全国劳动模范称号。她提出的“男女同工同酬”倡议，被写入中华人民共和国《宪法》。

In 1979 and 1989, Shen Jilan was twice awarded as the National Model Worker. She suggested women to work and cooperate with men for “equal pay for equal work”, and this suggestion was written into the *Constitution of the People's Republic of China.*

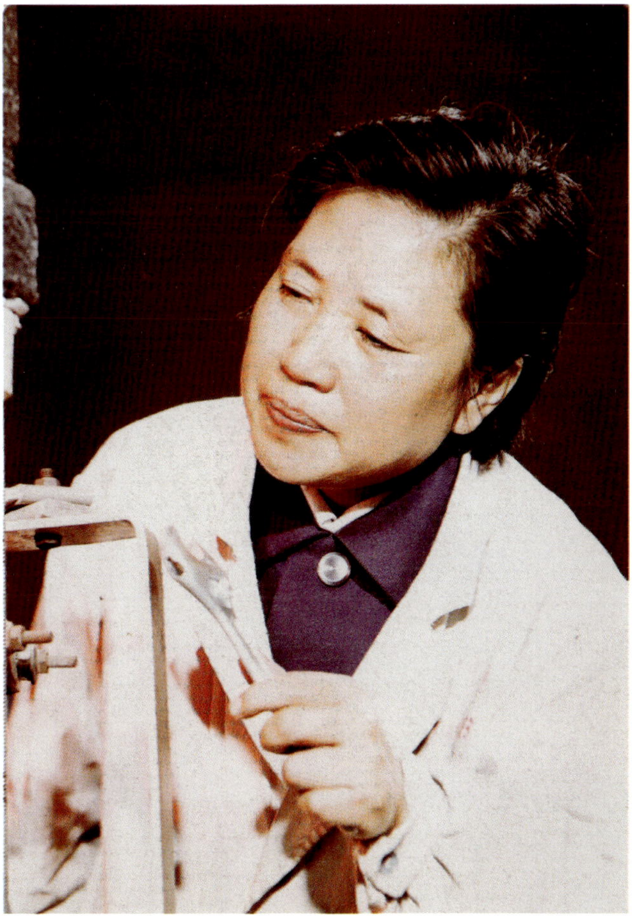

1979 年，胡世平荣获全国劳动模范称号。她这一生专心只做两件事：听党话跟党走、投身耐火材料事业。

In 1979, Hu Shiping was awarded as a National Model Worker. She has concentrated on only two things in her life: following the Party and doing practical work in refractories development.

1995 年，郭凤莲荣获全国劳动模范称号。她大力推进村办企业和第三产业的发展，是重振大寨的农村发展带头人。

In 1995, Guo Fenglian was awarded as a National Model Worker. She promoted village industry and tertiary sector in the rural area. She was a leader to revitalize the rural development in Dazhai Village, Xiyang County, Shanxi Province.

2000年，张桂梅荣获全国先进工作者称号。她扎根云南贫困山区40多年，推动创建了中国第一所免费女子高中。

In 2000, Zhang Guimei was awarded as a National Exemplary Worker. She has been working in poor mountainous areas in Yunnan Province for more than four decades and helped the foundation of the first free high school for girls.

2005年，乌兰其其格荣获全国劳动模范称号。几十年来，她在极其恶劣的自然环境中，带领周边牧民顽强走出一条科技养畜、勤劳致富的艰辛之路，联系的36户贫困户全部脱贫。

In 2005, Wulan Qiqige was awarded as a National Model Worker. For decades, she had been leading the surrounding herdsmen to take a hard road of raising livestock with science and technology and working hard to get rich in the extremely harsh natural environment, and all the 36 poor households she had contacted had been lifted out of poverty.

2005 年，樊锦诗荣获全国先进工作者称号。作为敦煌研究院院长，她在敦煌文化遗产保护、研究和管理等领域的开拓创新，让世界同行为之赞叹。

In 2005, Fan Jinshi was awarded as a National Exemplary Worker. As director of Dunhuang Academy, she has wowed the world with her pioneering innovations in the areas of conservation, research and management of Dunhuang’s cultural heritage.

2005 年，李文丽荣获全国劳动模范称号。她扎根航班运营第一线，通过“树立一个、培养一批、带动一片、造就一代”的培训路径，打造东航客舱的人才高地。

In 2005, Li Wenli was awarded as a National Model Worker. Rooted in the front line of flight operation, she had created a highland for talents of the cabin of China Eastern Airlines by means of “establishing one talent, cultivating one batch, driving one group and creating one generation”.

2010年，徐华荣获全国先进工作者称号。作为一位对新闻事业充满热爱与责任的优秀记者，她始终以满腔的热忱和无私奉献的情怀战斗在新闻采访一线，报道出众多在社会各界引起强烈反响的新闻。

In 2010, Xu Hua was awarded as a National Exemplary Worker. As an excellent journalist full of love and responsibility for journalism, she had always fought with enthusiasm and selfless dedication in the front line of news coverage, reporting news that had gone viral in all walks of life.

2010年，薛莹荣获全国劳动模范称号。她具有精湛的飞机装配技能和较强的班组管理能力，带领班组攻坚克难，实现了“用一个手指的力量就能把前缘装配到垂尾上”的目标。

In 2010, Xue Ying was awarded as a National Model Worker. She has excellent aircraft assembly skills and strong team management ability, leading the team to overcome difficulties and achieve the goal of “assembling the leading edge to the drooping tail with the strength of one finger”.

2010年，尼玛拉木荣获全国劳动模范称号。她徒步在雪山峡谷中递送邮件，数千次溜索横渡澜沧江，从没有延误过一个邮班，没有丢失过一封邮件。

In 2010, Nimalamu was awarded as a National Model Worker. She had been delivering mails on foot in the snow mountains and canyons, and crossed the Lancang River with a ziptreck for thousands of times. She never delayed a shift or lost a mail.

2010年，朱雪芹荣获全国劳动模范称号。她勤学苦练，创新工艺流程，“一见棒”产品18年蝉联上海市名牌产品。

In 2010, Zhu Xueqin was awarded as a National Model Worker. She worked hard to innovate techniques and processes, and the brand “Yijianbang” (Excellent) won the title of Shanghai Famous Brand Products for 18 consecutive years.

2015年，王克荣荣获全国先进工作者称号。她从事传染病护理工作30多年，先后护理过乙肝、非典、艾滋病等27种传染病患者5万多名，是中国第一位荣获贝利·马丁奖的护士。

In 2015, Wang Kerong was awarded as a National Exemplary Worker. She had worked in infectious disease nursing for more than 30 years and had cared for more than 50,000 patients with 27 infectious diseases, including hepatitis B, SARS and AIDS, and was the first nurse in China to be awarded by Barry & Martin's Trust.

2015年，沙夕兰荣获全国劳动模范称号。她带领团队不断进行港机产品设计创新，主持设计的港机产品填补了港机门机业多项空白。

In 2015, Sha Xilan was awarded as a National Model Worker. She led her team to continuously innovate in the design of harbor machine products and presided over the design of harbor machine products to fill a number of blanks in this industry.

2015年，沈赤枫荣获全国劳动模范称号。她在多项重大科研项目中承担关键零部件的加工任务，为核电设备国产化作出重要贡献。

In 2015, Shen Chifeng was awarded as a National Model Worker. She had undertaken the processing of key components in many major research projects and made important contributions to the localization of nuclear power equipment.

2015 年，易冉荣获全国劳动模范称号。她扎根艰苦的生产一线，苦练电焊技能，在平凡的焊接岗位练就了一手焊接绝活。

In 2015, Yi Ran was awarded as a National Model Worker. She had always been working hard on the frontline, practicing welding skills, and had developed a mastery of welding in her ordinary post.

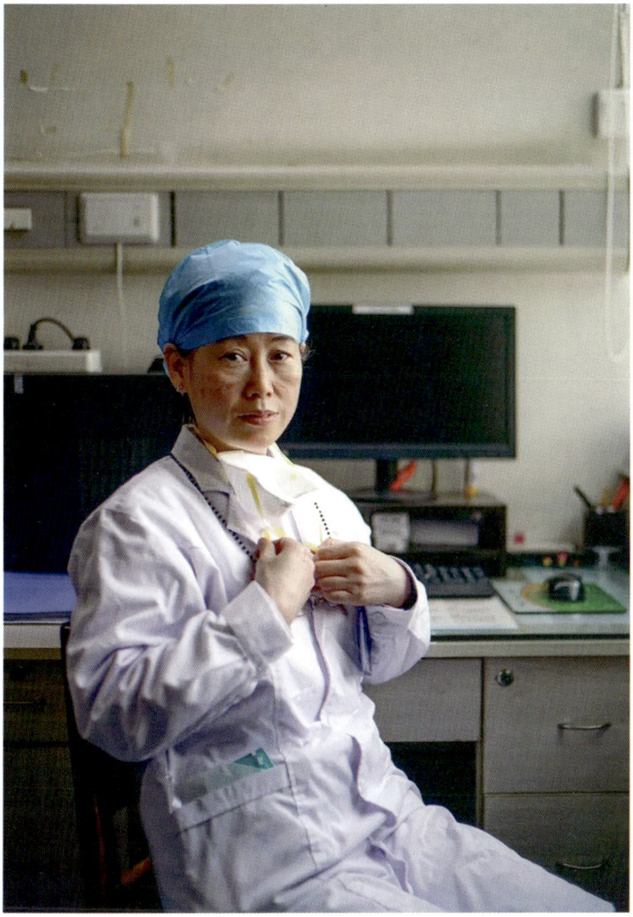

2020年，张继先荣获全国劳动模范称号。她以超强的专业敏感意识，最早判断并坚持上报新型冠状病毒感染的肺炎疫情，为疫情防控工作拉响了警报。

In 2020, Zhang Jixian was awarded as a National Model Worker. With superb professional sensitivity, she was the first to make the decision of and insist on reporting the Covid-19 outbreak, sounding the alarm for pandemic prevention and control.

2020年，惠敏莉荣获全国劳动模范称号。她从事秦腔表演艺术30多年，始终坚守弘扬民族优秀传统文化阵地，把百年老字号品牌剧社打造成新时代传统文化艺术发展的劲旅铁军。

In 2020, Hui Minli was awarded as a National Model Worker. She had been engaged in the performing arts of Qinqiang Opera for more than 30 years, always sticking to the position of promoting the excellent traditional culture of the nation, and building the century-long branded drama club into a strong force for the development of traditional culture and arts in the new era.

2020年，邓艳梅荣获全国劳动模范称号。她带领团队聚焦通信领域，是建设网络强国和数字中国的坚定践行者。

In 2020, Deng Yanmei was awarded as a National Model Worker. She led her team to focus on the field of communication and had been a firm practitioner in building a strong network and digital China.

2020年，张冬梅荣获全国劳动模范称号。她是新时代农民的领跑者，成立云南省第一个农民专业合作社，把荒山变成“金山银山”。

In 2020, Zhang Dongmei was awarded as a National Model Worker. She was a leader of farmers in the new era, setting up the first professional farmers' cooperative in Yunnan Province and turning the barren mountains into "golden mountains".

2020年，何光华荣获全国劳动模范称号。她带领团队在全球首创“高落差高压电缆线路无损施工技术”，填补了世界空白，曾获国家科学技术进步奖二等奖。

In 2020, He Guanghua was awarded as a National Model Worker. She led her team to come up with the “Non-destructive Construction Technology for High Drop High Voltage Cable Lines” for the first time in the world, and won the second prize of the National Science and Technology Progress Award for this achievement.

2020年，姚启明荣获全国劳动模范称号。她被誉为“中国赛道设计第一人”，为中国汽车运动的快速发展起到了巨大的推动作用。

In 2020, Yao Qiming was awarded as a National Model Worker. She was known as “the No. 1 in designing Chinese race tracks”. She has played a huge role in promoting the rapid development of motor sports in China.

2020年，廖丽萍荣获全国劳动模范称号。她填补了国内新一代智能变电站运检技术空白，追求安全生产极致，工作中做到零差错、零事故、零违章。

In 2020, Liao Liping was awarded as a National Model Worker. She filled the gaps of the new generation of intelligent substation operation and inspection technologies in China, pursued the ultimate in safety production, and worked to achieve the goal of “zero errors, zero accidents and zero violations”.

2020年，切阳什姐荣获全国先进工作者称号。她是首位在奥运会上获得金牌（奖牌）的藏族运动员。

In 2020, Qieyang Shijie was awarded as a National Exemplary Worker. She was the first Tibetan athlete to win a gold medal (medal) at the Olympics.

2021年，姜波和她的家庭荣获“全国最美家庭”荣誉。她是山东省第一个用互联网把蔬菜销往全国各地并出口国外的农民，带动4000多名农民脱贫致富。

In 2021, Jiang Bo and her family were awarded as “the Most Beautiful Family” in China. She was the first farmer in Shandong Province to sell vegetables throughout the country and export them abroad via Internet, driving more than 4,000 farmers out of poverty.

2021 年，黄宝妹荣获“七一勋章”。她曾两次荣获全国劳动模范称号，探索了纺织业先进操作法，坚守着“一辈子为民纺纱”的信念。

In 2021, Huang Baomei was awarded the July 1 Medal. She was twice awarded as a National Model Worker, and had been exploring advanced operation methods of textile industry. She has been holding the belief “spinning yarn for the people for a lifetime”.

Part 1

Women Model Workers at Different Times

The history of Chinese model workers is a history of CPC and of Chinese socialism, from Ruijin to Yan' an, from the liberated areas to New China and from the Reform and Opening-Up to the new era. The first time of entitling "model worker" in China occurs in the awarding of "woman model worker". Women model workers in different historical periods have made great achievements in ordinary jobs. The women model workers elected from each era represent corresponding advanced productive forces and a powerful drive for progress. As the outcome of the spirit of the times in concert with the needs of the times, it is immortal memory of CPC and China.

The one-hundred-year struggle history of CPC is engraved with the glorious course of formation and growth of the spirit of model workers, hard work and craftsmanship. Women model workers in different times show different features of the times, which is a vivid manifestation of the spirit of the times. In the four different historic stages, the features are as follows: "working hard and dedicating to revolution"; "selfless contribution and winning glory for the collective"; "initiating with practical work and striving for development"; "pioneering for innovation and striving for rejuvenation".

I. New Democratic Revolution Period: Working Hard and Dedicating to Revolution

In New Democratic Revolution Period, the selection and commendation of model workers developed from a means of getting themselves out of poverty and an effective way of social mobilization into an important administrative measure for the construction of base areas. Only when women are economically independent can they truly enjoy freedom and equality. The selection and commendation of women model workers were created by the CPC upon innovation and practice based on the revolutionary situation, and also an important form of women's liberation movement. The women model workers at this period are mainly featured in "working hard and dedicating to revolution".

1. Women Model Workers During Agrarian Revolutionary War: First Batch of Model Workers in Chinese History

The establishment of the Temporary Central Government of the Soviet Republic of China determined the status of workers as masters of society. During his nearly three years as the Chairman of the Central Executive Committee of the Soviet Republic of China, Mao Zedong focused on the economic construction of the Soviet Area and extensively carried out labor and work contest in factories, rural areas and other industries.

As the five counter-campaigns against the encirclement and suppression lasted long, the production tasks in the rear areas were mainly completed by women. In order to encourage women to take an active part in the production, the Women's Department of the Central Bureau proposed that "each working woman shall bravely step on the production front and work as bravely as a Red Army soldier on the battlefront". Driven by women model workers, a large number of working women, including some women with bound feet, were mobilized to go out of their families and participate in agricultural and industrial production. They played an important role in developing products in the Soviet Area, ensuring front- line supply and improving the life of people in the Soviet area.

According to the *Memoirs of Li Jianzhen*, the Soviet Area Women Model Workers Congress was held in Yeping of Ruijin in the spring of 1934. Some of the representatives' plowing and raking experts also went to Wuyang District of Ruijin to make an on-site demonstration. Mao Zedong attended the meeting and indicated that "in feudal society, there is a superstition saying that women would be hit by thunder if they plow the fields. Now the times are different. Men and women are equal. What male comrades can do, so can you female comrades." This is not only a representation of Mao Zedong's thoughts on economic construction and mass work methods but also a concrete embodiment of his consistent emphasis on the great role of women in revolution and construction.

Mao Zedong awarded certificates and prizes to women model workers who learned to plow and rake fields. The prize is an apron and a bamboo hat. The apron is embroidered with the characters "expert of plowing and raking", while the bamboo hat is printed with the words "woman model worker". This is the first time in Chinese history that the title "model worker" is applied to refer to workers who have made outstanding achievements in production and construction. The occurrence of the term not only has groundbreaking significance in the history of Chinese model workers but also has an epoch-making impact in the history of the Chinese women's liberation movement.

2. Women Model Workers: New Force of Mass Production Movement During China's War of Resistance against Japanese Aggression

In China's War of Resistance against Japanese Agression, the Government of Shaanxi-Gansu-Ningxia Border Regions successively promulgated Regulations on *Reward of People's Production in Shaanxi-Gansu-Ningxia Border Regions*, *Regulations on Reward of Supervision of People's Production Movement in Shaanxi-Gansu-Ningxia Border Regions*, *Regulations on Rewards of Production Movement of Personnel of Organs, Troops and Schools*, and *Election Methods for Congress of Labor Heroes and Model Production Workers and its Representatives in Shaanxi-Gansu-Ningxia Border Regions.* This is the first time that the government issued regulations on rewarding model workers since the establishment of the regime of the CPC. It reflects the CPC's strict implementation of the requirement of the "mass line". In 1940, the Central Women's Commission of CPC decided to commend women model in various industries on Women's Day (March 8th), of which women workers accounted for a large proportion.

The CPC adhered to the idea of leading Chinese women to actively devote themselves to economic and social activities to realize women's liberation. The idea was vividly and fully developed and implemented in the Yan'an period. Women's participation in production was not only an issue of economy, but also a matter of politics. The Large-Scale Production Campaign not only enabled women to go out of their homes but also helped them gain economic and political recognition. It improved women's status in real life and provided opportunities for women to take part in social work and promote the advancement of women's liberation. People gradually changed their contempt for labor and stopped regarding workers as "low-class servants".

In the Large-Scale Production Campaign in Shaanxi-Gansu-Ningxia Border Regions, Shanxi-Hebei-Shandong-Henan Border Regions, Shanxi-Suiyuan Border Regions, Shanxi-Chahar-Hebei Border Regions and other Anti-Japanese base areas, more and more women began to go out of their families and into the society. They organized extensively and actively participated in production movements, such as land reclamation, spinning and weaving, organizing women's cooperatives, forming transport teams, service teams and medical teams, and actively developed the economy. During the period, a number of women model workers emerged, with their advanced deeds widely publicized and commended.

In 1943, on the award list of the First Labor Heroes and Model Production Workers Conference of Shaanxi-Gansu-Ningxia Border Regions, Ma Xinger, Guo Fengying and Hei Yuxiang were included. In 1943, Ma Xinger was awarded as a "woman worker expert in the border area". The operetta *Brothers and Sisters Reclaiming Wasteland* was created based on the deeds of Ma Xinger. Guo Fengying won the First-Class Model Worker Award at that conference. Hei Yuxiang was awarded a plaque for "fortune building-up out of spinning", and the Second-Class Model Worker Award at that conference. Liu Jinying grew from a "child helpmate" to a model worker who was awarded as a model worker at the level of the township, district, county, special agency and border regions many times. As a 50-year-old woman with rich textile experience, Liu Guiying went door by door to promote and teach spinning, called together some women to form the "women's spinning group", help refugee women, and educate and transform "idlers". Zhao Chunhua, a famous spinning model in Taihang Anti-Japanese Base Area, was entitled the "Weaving Heroine".

There was a shortage of female carders in Yan'an Period. However, the setup of women model workers provided a solid basis for selecting female leaders. There were sentences in the report by *Women of China* as follows: "The cultivation of leaders' ability to guide production and the promotion of leaders shall be integrated. To carry out production movement, we shall train leaders by means of training classes and meanwhile promote them in practical work. For example, it is a good way to train and promote all labor experts in spring plowing in Shanxi, Chahar and Hebei."

3. Women Model Workers: Leaders of Supporting Army and Aiding Front During Liberation War

During Liberation War, the CPC emphsized that "the vast number of women's hard work shall be deemed equally with strong men's struggle in the frontline as glorious fight tasks". Under the guidance of such a thought, the concept that "work means glory" was widely spread among women in the base areas and newly liberated urban regions. While vigorously developing agricultural production, the majority of women proactively supported the front line and played an vigorous role in the factories in the newly liberated cities. The government of the base areas implemented the policy of combining material rewards and spiritual rewards. In addition to earning salaries through labor, the majority of women obtained certain economic rights and gradually changed their previous subordinate status attached to men. Those with outstanding performance were also commended as women model workers on Women's Day (March 8th) and won spiritual rewards. Women model workers supporting the front, working in industries and working in agriculture emerged one after another. They played an significant role in different frontlines, supporting the Liberation War with active production.

As the vast rear area of the Liberation War, Northeast Liberated Area attached great importance to the development of women's work and production competition. For example, in October 1946, Harbin Women's Federation was established to promote women's work in response to the instructions of the Northeast Bureau on "production first and support the front line" during the Liberation War. A number of women model workers as workers, farmers and soldiers, such as Liang Jun and Zhao Guilan, emerged. Commendation conferences for different kinds of model workers were held throughout Northeast China, and a group of outstanding working women were commended.

The new and old liberated areas, including Shaanxi - Gansu - Ningxia, Shanxi- Hebei- Shandong- Henan, Shanxi- Suiyuan, Shandong and Dabie Mountains actively produced and continuously supported strategic materials, providing a fundamental assurance for the victory of Liberation War. Among them, women model workers who supported the front line continuously emerged: "Yimeng Six Sisters" raised food, transported ammunition, cooked pancakes and made shoes for the front-line soldiers; Rong Guanxiu, the "Mother of Our Own Army" in the Shanxi- Chahar- Hebei Border Regions, actively organized women to make shoes and deliver food for the army, and successfully completed various tasks of supporting the front; Li Lanzhen, Chief of Women Stretcher Team of Huaiyin County, made outstanding contributions to

Huaihai Campaign and was rated as a special heroine of stretcher team; Zhao Haiying, a special model of supporting the army and the front in Guanxian County of Shandong Province, received the plaque with the characters "meritorious service for people" jointly issued by the government and the army rear hospital of Southern Hebei Province.

At the stage, a large number of women were led and organized by various types of women model workers from place to place to actively participate in production work. It greatly mobilized women's enthusiasm and creativity and promoted women to identify their personal values in the collective. It was of great significance to the liberation of Chinese women. The production work in the revolutionary base areas is mainly undertaken by women. Women model workers demonstrated the prominent role of pioneers and models in women groups. Moreover, women model workers in various places passed on the tradition to the era of agricultural cooperation and collectivization after the founding of the People's Republic of China. It exerted a far-reaching impact on the formation of the Iron Girl Team in the Socialist Revolution and Construction Period.

II. Socialist Revolution and Construction Period: Selfless Contribution for the Collective's Honor

During the period of socialist revolution and construction, CPC and the government attached great importance to the participation of women in politics, economy, culture, education and other areas. Mao Zedong emphasized, "Chinese women are a great human resource; we ought to explore the resource and strive to build a great socialist nation."

The CPC and the government made full use of experience in the war times to organize social production. In the process, the selection of model workers was gradually institutionalized and normalized. CPC organizations and governments at all levels nationwide constantly established typical figures and awarded model workers and other honorary titles. It not only inspired the women model workers and promoted social production, but also advocated them playing a pioneering and exemplary role in mobilizing women to take part in national construction. It led to the formation of a social environment where "everyone works hard and everyone strives for the upper reaches". It promoted Chinese women to truly become masters of the country, society, family and themselves and made great contributions to the founding of New China and the establishment of the socialist system. The women model workers in this period are mainly featured with "selfless contribution for the collective's honor".

1. Emergence of First Group of Women Model Workers in New China

The First National Model Worker Conference of New China held during the National Day celebration in 1950 was officially named the National Conference of Model Workers, Peasants and Soldiers, also known as the "Gathering of Outstanding People". It has far-reaching significance in the history of Chinese model workers. Many regulations, norms and practices were established at the conference. A total of 464 representatives were selected throughout the country, including 208 from the industrial sector, 198 from the agricultural sector, and 58 from the army. All of them were awarded the honorary title of "National Model Worker" by the Central People's Government.

Mao Zedong delivered a speech at the meeting on behalf of the CPC Central Committee. In his speech, he pointed out that model workers "are the model of the whole Chinese nation, the backbone of fueling victorious progress of people's cause in all aspects, the reliable pillar of the people's government and the bridge between the people's government and the masses". It not only indicated the way of selecting model workers, training model workers and displaying the role of model workers but also gave great encouragement and urge to model workers and the people who took model workers as examples. It was one of the crucial reasons for that times with prolific model workers.

There were 16 women model workers commended at the conference, including Li Fenglian, Tian Guiying, Chang Yongfen, Zhang Xiuying, Zhao Guilan, Li Zhaozhen, Zhang Xiuzhen, Yan Jinfen, Hang Peilan, Chen Shude, Luo Shufang, Zhong Mingyue, Li Jinmei, Zhu Jiu, Meng Baoyu and Liang Jun. These women model workers were mainly workers and farmers at the frontline, with young and middle- aged people accounting for a high proportion. Among them, 10 people were related to the textile industry, including Chang Yongfen, Li Zhaozhen, Zhang Xiuzhen, Yan Jinfen, Hang Peilan, Chen Shude, Luo Shufang, Li Jinmei, Zhu Jiu and Meng Baoyu. In addition, Liang Jun, the "first female tractor driver of the Republic" and the team leader of the first female tractor team in China, was also awarded. Her valiant posture of driving a tractor was printed on the third set of Renminbi in New China. Tian Guiying, the " first female train driver of the Republic", was called the "railway engine of women" in New China, who opened up a new way for the first generation of women in New China to work. Zhao Guilan, the "good daughter of the Party", was also awarded. She eliminated dangers several times to ensure production safety but was life-long disabled because of her job. However, she always insisted on serving society in the spirit of revolutionary optimism. Zhong Mingyue, a nurse who has done outstanding deeds in the prevention and treatment of schistosomiasis, was also awarded.

The First National Model Worker Conference aroused a warm and strong reaction in the whole society, serving as a link between the past and the future, with historical characteristics of carrying forward the past and forging ahead into the future. On the one hand, this conference reflects the great importance attached by the CPC and the nation to the model workers. It was the first time that the people with outstanding contributions to socialist economic construction and social development were awarded the honorary title of National Model Worker by the Government Administration Council of the Central People's Government. On the other hand, the commendation of a large number of women model workers carried forward and publicized female revolutionary heroism with active labor as the standard among the vast number of Chinese women, which represents a strong negation on traditional concept that "men are superior to women" and the words discriminating against women and belittling labor, promoted the change of traditional gender culture and concepts, and advanced Chinese women to actively join the recovery and development of national economy and socialist construction.

2. Women Model Workers Making Great Contributions to Establishment of Socialist System

After the First National Model Worker Conference held in 1950, the selection of model worker was formally established as a system. The

CPC and the government launched a series of production movements centered on model workers movement. A number of women model workers emerged in the process of socialist labor competition. They actively participated in large-scale industrial construction. As the movements of advanced manufacturers were extensively launched nationwide, a large number of female representatives of advanced collectives occurred. They made great contributions to the recovery of the national economy and various construction projects.

For example, Ding Zhihui, a National Model Worker, participated in the War to Resist US aggression and Aid Korea in 1951 and served as the captain of the medical operation brigade. The promotion of the "Hao Jianxiu's work method" created by Hao Jianxiu, a National Model Worker, not only greatly raised the work efficiency of textile workers, but also was of great significance to the development of the national economy and the War to Resist US Aggression and Aid Korea. In order to consolidate the new regime, the majority of women, inspired by women model workers, actively participated in the land reform. They supported the War to Resist US Aggression and Aid Korea by donating goods, sending husbands and sons to the army, and expediting production to increase income.

Shen Jilan, a National Model Worker, organized women to work and cooperated with men for "equal pay for equal work". Zhang Qiuxiang, a National Model Worker and cotton planting model became a leader in advancing women to take cooperation way. Driven by women model workers, more and more women joined in productive labor and land reform and became cooperative members and the master of the country. By 1956, 120 million rural women had participated in agricultural cooperatives. Women in urban areas took an active part in the socialist transformation of agriculture, handicrafts, and capitalist industry and commerce, and in the construction of New China in all aspects.

Through large-scale mass literacy campaigns and the promotion of equal educational rights between men and women, urban and rural women, inspired by the exemplary role of the women model workers, stepped out of their home and into society on a large scale. Rural women participated in agricultural production and labor on a large scale. Urban women extensively obtained employment. They became "members of society" from "members of the family" in a short time. In the vigorous upsurge of New China's construction, these women who gradually emancipated their minds took different jobs, actively became workers in New China, and won the status of masters politically and economically. They were full of enthusiasm in labor to serve the country.

The women model workers in 1950 were all front-line workers and farmers. New changes took place in the women model workers selected at National Conference of Exemplary Workers in 1956. Among the national women model workers this year, the workers' representatives represented by Yi Shijuan, who worked at No.2 National Cotton Plant in Shanghai, accounted for the vast majority, concentrated in the industrial fronts of coal, textile, electric power, railway, post and telecommunications, transportation, and machinery manufacturing. Besides, there are female intellectuals in many industries represented by Yu Lan from Beijing Film Studio.

3. Women Model Workers Actively Participate in Socialist Construction in Tortuous Exploration

During the National Conference of Advanced Collectives and Exemplary Representatives of Socialist Construction in Industry, Communications and Transport, Capital Construction, Finance and Commerce (also known as "the National Gathering of Heroes") held by CPC Central Committee and the State Council in 1959, and National Conference of Advanced Collectives and Exemplary Workers of Socialist Construction in Education and Culture, Healthcare, Sports and Media (also known as "the National Gathering of Heroes from Educational and Cultural Frontlines") in 1960, a large number of women model workers and women exemplary workers represented by Huang Baomei were awarded, which accumulated sufficient impetus for promoting economic and social development and improving women's causes. For example, Wei Fengying, a worker of Shenyang state-owned 724 Military Factory, was a flag of the technological innovation movement on Shenyang's industrial front in the 1950s. She was rated as model worker for many years. In 1965, Wei Fengying was praised as "Chairman Mao's excellent worker".

The women model workers continuously worked hard in a selfless manner at their posts despite the dirty and dangerous work environment. They won the respect of the people and led the majority of urban and rural women to actively participate in the socialist construction. In 1964, People's Daily issued an article entitled "women can hold up half the sky", which specified the vital role of women in socialist economic construction.

After the Cultural Revolution, some women model workers were in difficult situations. During the period, a large number of female workers and intellectuals actively dedicated themselves to the construction of the national defense industry and Third-Front Movement. Large - scale construction of national defense, science and technology, industry and transportation infrastructure was carried out in 13 provinces and autonomous regions in the central and western regions. The "integrated emotion of family and nation" were presented as great enthusiasm for production and feelings for families. It advanced well the liberation of women in the central and western regions.

It was in 1977 that National Model Worker selection resumed since it stopped in 1960. In 1977, 60 national women model workers represented by Lu Jinmei, a respected old advanced female worker in the railway passenger transport system, were commended at the National Conference on Industries Leaning from Daqing. In 1978, 71 female advanced scientific and technological workers, represented by Ye Shuhua, the first female astronomy director and highly respected academician, were commended by National Science Conference. In 1978, 186 women model workers and 179 women exemplary workers, represented by Zhang Shizhen were commended by National Conference on Finance and Commerce Learning from Daqing and Dazhai. Zhang Shizhen was a Tianjin salesman famous nationwide for "grasping the accurate weight of vegetables with one handful and calculating total price after reading accounts for one time". The commended women model workers at these three conferences were selected from 1960 to 1978. Among them, a considerable proportion of women model workers and exemplary workers were advanced figures in the conduction of the national defense industry and three- line industry.

Moreover, intellectuals in professional fields began to walk on the podium as model workers, and a large number of female advanced figures on technical front began to attract the attention of common people.

III. New Period of Reform, Opening Up and Socialist Modernization: Pioneering, Practicing and Striving for Development

In the new period of reform, opening up and socialist modernization, the focus of national construction changed to "fulfilling the central task of economic development". China has gradually changed from planned economy to socialist market economy. With the continuous development of the socialist market economy, the cause of model workers has been restored and developed, and a batch of women model workers have emerged in the new era.

Women model workers ushered in the reform and opening up as masters of the country, made fundamental contributions to the establishment and development of the socialist market economy and promotion of complete development of socialist modernization, actively participated in the construction of a well-off society in an all-round way, and played a great role in pushing forward the development of economic and social sciences. The women model workers in this period covered all sectors and levels of society. They were devoted to their professions. In the wave of reform, they found the areas that respectively best displayed their own charm and female spirit. Their feature in the times was mainly reflected as "pioneering, practicing and striving for development".

1. Women Model Workers: Backbone of Socialist Modernization

After the Third Plenary Session of the 11th CPC Central Committee was held in 1979, the CPC Central Committee and the State Council put forward the theoretical judgment on " model " and "advanced" for the first time. The judgment was defined by whether the worker exerted a significant role in promoting the development of productive forces and whether the worker made great contributions to the cause of socialist construction. The judgment established the status of model workers as an indicator of social development.

In 1979, the State Council held the National Conference of Advanced Enterprises and Model Workers in Industry, Transport and Capital Construction, and the National Conference of Advanced Work Units and Model Workers in Agriculture, Finance and Commerce, Education, Public Health and Scientific Research. The objects of commendation at these two conferences were advanced models from 1978 to 1979, with selection criteria transferred to make outstanding contributions to economic construction and reform and opening up, which reflected the urgent need of the country for construction tasks in specific fields in a specific historical stage. Among the commended women model workers, 29 of them were in industrial transportation and basic construction fronts, represented by Jiang Aizhen, with Qingdao No.7 Cotton Textile Factory in Shandong Province; 75 of them were in agricultural, finance and commerce, education, health and scientific research labor fronts, represented by Du Baorong, a female shoe repair worker in Beijing. Many high - quality women workers with consummate skills were awarded national women model workers.

Deng Xiaoping repeatedly emphasized that "intellectuals are a part of the working class". It expanded the extension of the model workers and encouraged the enthusiasm of intellectuals and mental labor. For example, Fu Shigui, an expert in gynecology and obstetrics in Jiangxi Province; Tang Sixiao, an expert in coke making in Inner Mongolia Autonomous Region; Hu Shiping, a senior engineer from a refractory materials research institute in Luoyang of Henan Province; Xu Xiuhua, an engineer from a Xinjiang cement plant, and other senior female intellectuals in professional fields were selected as National Model Workers at the two conferences. They made outstanding contributions in their respective professional fields.

After entering the social transformation period of reform and opening up, people's social life was confronted with great changes. There is an urgent need to convey the sense of solid work to the whole society by upholding the spirit of model workers. The women model workers selected at this stage practiced the principle of "fulfilling the central task of economic development" with practical actions and stimulated the women workers of all fields to display their enthusiasm at work.

2. Women Model Workers Made Contributions in Socialist Market Economy

Before 1989, the model worker commendation conferences were basically named after relevant industries. It was mainly because many enterprises were state-owned or collective enterprises at that time. The National Model Workers and National Exemplary Workers Commendation Conference held in 1989 continued the practice of previous commendation conferences and offered great treatment to the model worker representatives. The selection criteria were as follows: first, "they shall love the nation, adhere to the Four Cardinal Principles, and uphold the general policy of reform and opening up"; second, "they shall make significant contributions in their posts". The time limit and scope of model worker selection were "National Model Workers and National Exemplary Workers emerging since 1980". The State Council totally awarded 2,790 National Model Workers and National Exemplary Workers, with women model workers accounting for 17.74%. Among them, 284 national women model workers and 211 national women exemplary workers from all areas were commended, such as Shen Jilan, from Xigou Village, Xigou Township, Pingshun County of Shanxi Province, and Sun JinFang, from the Sports Commission of Jiangsu Province.

Since 1995, the selection and commendation of National Model Workers and National Exemplary Workers basically went on a fixed cycle of every five years, with about 3, 000 advanced individuals selected and commended each time conferred by the State Council the title of National Model Worker and National Exemplary Worker. The name, frequency and number of model workers grew stable. It encouraged and commended generations of national women model workers and women exemplary workers.

The model worker culture of creating wealth based on honest labor continues to develop. In 1995, the National Model Workers and National Exemplary Workers Commendation Conference totally awarded 2,877 individuals with the title of National Model Worker or National Exemplary Worker, among which women accounted for 17.55%.

There were 306 national women model workers represented by Guo Fenglian, Secretary of the Party Branch of Dazhai Village, Xiyang County, Shanxi Province, and 199 national women exemplary workers represented by Chang Xiangyu, from the Department of Culture of Henan Province. Women model workers and women exemplary workers were widely distributed in all aspects.

In 2000, the National Model Workers and National Exemplary Workers Commendation Conference totally awarded 2,946 individuals, with the proportion of women accounting for 19.89%. Among them, there were 329 national women model workers represented by Li Suli, from Beijing Public Transport Corporation and 257 national women exemplary workers represented by Zhang Haidi, from Shandong Writers Association, including 49 minority women model workers represented by Eerdunsu, a Mongolian female nomad in Dengkou County, Inner Mongolia Autonomous Region. They were the typical representatives of women model workers under the socialist market economy, who made great contributions to the establishment and development of the socialist market economy.

3. Women Model Workers Contributed Wisdom During the Process of Building a Moderately Prosperous Society in All Respects

In the historic stage of building a moderately prosperous society in all respects, in order to enhance the representativeness and timeliness, the selection of model workers began to be implemented in all walks of life and groups at all levels of society.

In 2005, private entrepreneurs and migrant workers were firstly included in the scope of selection and commendation of national model workers. The key indicators for measuring model workers were expressed as "making outstanding contributions to the cause" instead of "making selfless dedication". In 2005, it was stipulated that the number of selected enterprise employees shall not be less than 45% of the total number of recommended ones; and the number of front-line workers and professional and technical personnel shall not be less than 55% of the number of recommended enterprise employees. In 2005, the National Model Workers and National Exemplary Workers Commendation Conference awarded 2,969 individuals, with the female proportion accounting for 17.07%. Among them, there were 304 national women model workers represented by Yan Lijuan of Xuzhou Heavy Machinery Co., Ltd., 203 national women exemplary workers represented by Fan Jinshi, director of Dunhuang Academy, and 60 ethnic minority women model workers represented by Liu Huizhen, a Bai tender in Textile Factory of Yunnan Textile (Group) Co., Ltd..

In 2010, the standard for selection of National Model Workers focused on the conditions for promoting the transformation of economic development mode, optimizing economic structure, and improving self-reliant innovation. The objects of selection were featured with wide distribution, complete categories and typical representativeness. In 2010, the National Model Workers and National Exemplary Workers Commendation Conference totally awarded 2,895 individuals, with the proportion of women accounting for 20.44%. Among them, 341 national women model workers represented by Nimalamu, a Tibetan postman of Yunling Township Post Office of Deqin County Post Office of Yunnan Province; 251 national women exemplary workers represented by Zhou Yang, an athlete of Changchun Winter Sports

Management Center; and 67 ethnic minority women model workers represented by Ayinuer Ailimujiang, a Kazakh leader of the Statistics Bureau of Yili Kazak Autonomous Prefecture of Xinjiang Uygur Autonomous Region. The national women model workers and exemplary workers in this period had strong responsibility and practicability. They gathered wisdom and strength and became women worker leaders in all walks of life.

IV. New Era of Socialism with Chinese Characteristics: Pioneering, Innovating, Striving for Rejuvenation

Since the 18th National Congress of the CPC, socialism with Chinese characteristics entered a new era. The CPC and national government adhered to the people- centered philosophy of development and constantly fulfil people' s yearning for a better life. The Party Central Committee with Comrade Xi Jinping at its core adhered to the policy of wholeheartedly relying on the working class always cared about model workers, attached great importance to the work of model workers, advocated the concept of respecting model workers and talents, and clearly pointed out that the role of the main force of the working class ought to fully displayed. He also indicated that model workers were the national elite and people' s models with outstanding service for New China. These guiding thoughts inherit and enrich the Marxist concept of labor, and deepen and develop Chinese attributes and time character of the model worker spirit.

The women model workers in the new era firmly uphold the theme of the times to strive for the realization of Chinese Dream, closely combined themselves with the future and destiny of the country and the nation, and closely connected their personal dreams with the Chinese Dream. They actively practiced the spirit of model workers, hard work and craftsmanship, and created a social atmosphere of honor labor and a dedicated atmosphere of persisting improvement. They gave full play to the role of demonstration and leadership, and created a number of model workers' innovation studios, entering factories, communities and campuses to publicize the spirit of model workers. It stimulated the talent vitality of the broad masses, especially women workers, to make joint efforts to realize the Chinese Dream of national rejuvenation. The main time feature of women model workers in this period was Pioneering, innovating and striving for rejuvenation.

1. Women Model Workers Make New Contributions to Upholding and Developing Socialism with Chinese Characteristics as Masters

On April 28, 2013, General Secretary Xi Jinping came to the headquarters of the All- China Federation of Trade Unions to visit the model worker representatives of all fronts, periods and industries nationwide and held a talk with national model worker representatives. It is the first time since the founding of New China that the General Secretary of the Party went to the All - China Federation of Trade Unions. Those who spoke at the talk include Guo Fenglian, Secretary of CPC Branch of Dazhai Village, Xiyang County, Shanxi Province; Chang Guoli, vehicle team leader of Weichai Power Co., Ltd., who passed the test for adaptability in "extremely coldness, hyperthermy and plateau"; and Liang Jun, former Chief Engineer of Harbin Agricultural Machinery Bureau. Shen Jilan and other national women model workers also attended the talk. The talk spoke highly of model workers. Women model workers of all periods were greatly encouraged. They united other people surrounded and made great efforts for the Chinese Dream.

On April 30, 2014, General Secretary Xi Jinping met representatives of model workers, exemplary workers and advanced figures in Urumqi and had a talk with them. He pointed out that generations of model workers, exemplary workers and advanced figures were outstanding representatives of the Chinese working people and the pride of our country and Chinese people. With a strong sense of ownership and responsibility, model workers based themselves on their own duties and strived to be first- class. They embodied the great spirits of the times, entrepreneurship and dedication, and added splendor to the country and the nation. Model workers, exemplary workers and advanced figures are supposed to not only do their own work well but also make practical deeds and spread the spirit and concept of labor to the whole society, so that "to become a diligent person who works hard to make fortunes" can become a common practice in the whole society.

At the National Model Workers and National Exemplary Workers Commendation Conference in 2015, China's government once again commended National Model Workers and National Exemplary Workers in the name of the CPC Central Committee and the State Council after 36 years. A total of 2,968 people were awarded the title of National Model Worker and National Exemplary Worker, with the proportion of women accounting for 22.3%. There were 390 national women model workers awarded represented by Dong Mingzhu of Zhuhai Gree Electric Appliance Co., Ltd., 272 national women exemplary workers represented by Yan Kelu of Donghua University, 90 ethnic minority women model workers represented by Jin Yuqin of Bouyei nationality, Secretary of CPC General Branch of Hongguang Village, Hongxing Township, Yi County, Anhui Province. General Secretary Xi Jinping's speech at the meeting highly praised the contributions of the working class and the broad working masses, and fully affirmed the value of labor and creation. His speech exerted a great impact on mobilizing the enthusiasm, initiative and creativity of model workers.

In April 2016, General Secretary Xi Jinping presided over the Symposium of Intellectuals, Model Workers and Youth Representatives in Anhui Province. He pointed out that "no matter what you are engaged in, you ought to love it and try to be an expert." As long as we work hard and diligently, we can make extraordinary achievements in ordinary posts.

In 2020, the National Model Workers and National Exemplary Workers Commendation Conference awarded 2,493 national advanced individuals, with the proportion of women accounting for 23.14%. There were 331 national women model workers represented by Han Liping of Shanxi Aerospace Tsinghua Equipment Co., Ltd., 246 national women exemplary workers represented by Zhang Jixian of Hubei Provincial Hospital of Integrated Chinese and Western Medicine, and 66 ethnic minority women model workers represented by Suozhen, Head Nurse of FOKIND. They are a group of advanced model figures, who love their jobs and are brave in innovation and noble in character with outstanding achievements. At this conference, General Secretary Xi Jinping made a comprehensive, systematic and profound statement on the spirit of model workers, hard work and craftsmanship. He stressed that the spirit of model workers, hard work and craftsmanship are vivid manifestations of Chinese national spirit based on patriotism and the spirit of the times centered on reform and innovation.

In the new era, we shall create a social atmosphere of honoring labor and making persistent improvements. Women model workers in different industries used their advanced ideas and exemplary actions to unite, influence and lead the whole society, especially the majority of women workers, to voluntarily integrate their life ideals and family happiness into the vivid practice of realizing Chinese rejuvenation. At the moment when "made in China" shall be upgraded to "created in China", we should adhere to "hard work, honest work and creative work", and make contributions to upholding and developing socialism with Chinese characteristics as the master of our country. We shall firmly grasp the destiny of China's development and progress into our own hands, work together to fulfill the Chinese Dream, and write a new chapter of "Chinese Dream - Labor Aesthetics".

2. Women Model Workers Integrate Personal Ideals with National Rejuvenation and Support Chinese Dream with Labor

General Secretary Xi Jinping said, "A vast majority of women in China are actively engaged in the cause of socialism with Chinese characteristics in the new era. They can support 'half the sky' with their deeds just as good as men. In particular, to secure a decisive victory in building a moderately prosperous society in all respects, to win the battle against poverty, and to fight against the Covid-19 pandemic situation, a vast number of women bravely rush to the front and work tenaciously, fully demonstrating the style of women in the new era."

Zhu Xueqin, a "representative of migrant workers", became a

"new Shanghai citizen" from a "migrant girl". She grew from a new generation of textile workers to Vice Chairman (Part- time) of Shanghai Federation of Trade Unions, Deputy Director of Women Workers Committee of Shanghai Federation of Trade Unions, and Deputy Secretary of the Party Committee of Huaile Group Shanghai Enterprise Development Co., Ltd.. Her change was because she bravely rushed to the front and worked tenaciously. She taught herself and obtained a high- school diploma. She adopted the way of "learning at work and working in study". She worked hard to innovate techniques and processes, and the brand "Yijianbang" (Excellent) won the title of Shanghai Famous Brand Products for 18 consecutive years. She was elected as the first representative of the National People's Congress of migrant workers in Shanghai in 2008. Since then, she was committed to safeguarding the rights and interests of migrant workers. In 2010, she was awarded with the title National Model Worker. She helped and educated children of migrant workers who had made mistakes, and with her own experience prove to the world the image of migrant workers in the new era: positive in striving to change their fate with knowledge.

Nimalamu, the postwoman of Yunling Township Post Office in Deqin County, Diqing Tibetan Autonomous Prefecture, Yunnan Province, and the Tibetan "cableway girl", always adhered to the purpose of serving the people wholeheartedly and conscientiously performed the duty of universal postal service. In the past eight years, she delivered mails on foot in Xueling Canyon, with a journey of more than 200,000 kilometers. Without delaying a shift or losing a mail, she made the achievement with a delivery accuracy rate up to 100%. The *People's Daily* published a commentator's article entitled "Nimalamu deserves our respect" advocating people of the whole country learning from her.

The year 2020 was a decisive year to build a moderately prosperous society in all respects and fight against poverty. In the poverty alleviation battle, which was the largest, strongest and most beneficial in human history, there were a group of women model workers, including leaders of villages, leaders for fortune making, young people returning to the countryside from urban areas, caring entrepreneurs and rural teachers. For example, Wang Rongxiu, a national woman model worker in 2015, was Secretary of the Party Branch of Qiaotou Village, Zhanglaobu Township, Gushi County, Henan Province. She ate and lived together with her county poverty alleviation team members and rural leaders, made targeted poverty alleviation in details, ensured that the "one policy for one household" was intensified, and the poor households got out of poverty on time in accordance with the standard. Pu Junzhu, a national woman model worker in 2020, was Secretary of the Party Committee of Liguang Village, Quejia Town, Gaoping District, Nanchong, Sichuan. She stuck to the agricultural area. In 2012, she initiated the establishment of a professional cooperative to plant oranges in Touwumazhai Village, Xitou Township, Gaoping District, Nanchong, Sichuan. She set up for herself the requirement that "one man getting rich can't be considered as rich, but one village can." Under the requirement, she drove more than 100 poor households to get rid of poverty and become experts and business leaders in orange planting. Liu Xianhui, a national woman model worker in 2020, led her hometown to set up a professional vegetable cooperative on the loess land, built a "skills training classroom for poor people", helped poor households in the village develop special vegetables, and led the people there to work together to set up a famous high- quality high- end vegetable production and sales base in Northwest China. Niu Qinghua, a national woman model worker in 2020, was a left - behind woman in Mengyin County, Yimeng Mountain Area, who was left behind in rural areas for 15 years. She made arduous exploration in rural e- commerce, and led 100 local poor families to get rid of poverty and become rich.

In the fight against the Covid- 19 pandemic, among the national women model workers commended in 2020, there are frontline anti-pandemic workers represented by Zhang Jixian. As the "most beautiful heroine in harm's way", they gave people a great sense of security. Lin Lina, is a grass - roots community worker in Shishi City, Fujian Province. As Deputy Secretary of the Party Committee of Yuhu Community in Shishi City, she achieved "Speedy prevention and warm service", "Heroes guard the front line and we help the rear", and "Where the pandemic prevention and control are needed, there is her shadow". Her good deeds make the spirit of model workers shine on the front line of community pandemic prevention and control. Liang Ping, Director of Xinyi Community Health Service Center, Xiaoyi City, Shanxi Province, took root in many health centers at the grass- roots level for more than 20 years, carried out health education and promoted the construction of hospital infrastructure. During the fight against the Covid- 19 pandemic in 2020, she led all employees of the community health service center to stick to the front line of fighting the pandemic, personally passed on experience, and did good jobs in basic medical care and basic public health based on practice. Li Ling, the person in charge of Gansu Xinle Chain Supermarket,took orders in the face of crisis, rushed forward, and vigorously assumed the responsibility of anti-pandemic and ensuring supply. She promptly set up a wartime headquarters within the enterprise and served as the commander-in-chief. She mobilized funds, manpower, and vehicles in a unified manner, and raised funds in time for purchase directly with cash for key commodities, such as fruits, vegetables, fresh meat and other commodities, so as to ensure residents' needs as soon as possible.

It was stated in the report of the 19th National Congress of the CPC that: "We will build an educated, skilled, and innovative workforce, foster respect for model workers, promote quality workmanship, and see that taking pride in labor becomes a social norm and seeking excellence is valued as a good work ethic." The new era is the era of strivers. To advance high-quality development, we need more strivers who love their jobs and work hard in the new era. We need to set up the concept that labor is the most glorious, the noblest, the greatest, and the most beautiful. The key to inheriting and carrying forward the spirit of model workers and the sprit craftsmanship is to advocate and spread the concept of labor and the spirit of creation, carry forward the spirit of model workers, write the songs of workers in the new era, and make model workers and craftsmen "shining stars" in the new era.

The women model workers in various periods and industries explained the greatness and strength of the working class and the working masses with their excellent character, advanced deeds and precious spirit. In addition, model workers roadshow groups, represented by roadshow groups of national trade union model workers and craftsmen, and new era women model workers and craftsmen, entered enterprises, institutions, campuses and communities around the country to tell their stories about their love and dedication to their posts, their ingenuity in building their dreams and their struggle to achieve their dream, so as to encourage the majority of women workers to sparkle in every ordinary post, advocate creating happiness through labor and striving to be a striver in the new era; to encourage more talents that have the motherland in mind and serve the people to thrive and stand out. These women model workers were committed to carrying forward the spirit of the era of model workers, creating a good social atmosphere of respecting labor, respecting creation, honoring labor and honoring model workers, and advancing honest labor and diligent work to become common practice, and therefore, they would become the epitome and labor star of outstanding women in the new era.

3. Educated, Skilled, and Innovative Women Model Workers Promote High-Quality Development

Real economy is an important support for China' s economy. To strengthen the real economy requires a large number of skilled talents, we need to vigorously promote the spirit of model workers and the sprit craftsmanship, so as to drive the training of more model workers and craftsmen. In 2014, the All-China Federation of Trade Unions promoted Jiangsu Experience of the model worker innovation studio to the trade union system. On February 6, 2017, General Secretary Xi Jinping presided over the 32nd Meeting of the Central Leading Group on Comprehensive Reform, which reviewed and adopted the Scheme on Reforms for Construction of Industrial Workers in the new era.

As an important part, the Model Worker Innovation Studio was drafted into the documents of the CPC Central Committee and the State Council. It aims at displaying the role of model workers in demonstration and guidance, innovation and breakthrough, and apprenticeship and education. By the end of 2021, the All-China Federation of Trade Unions had announced three batches of 297 "innovation studios for model workers and craftsmen". A number of model worker studios named after the national women model workers were established, such as Yi Ran Model Worker Innovation Studio of CRRC. The batch of innovation studios was named after women model workers and guided by the CPC building. They extensively carried out vocational skill training, skill competition, technical training, technical exchange and other activities, cultivated craftsman culture, inherited craftsman genes, and accelerated the construction of knowledge-based, skill-oriented, and innovative worker teams. On the one hand, they gave full play to the demonstration and leading role of women model workers in innovation practice. On the other hand, it is conducive to promoting the construction and reform of industrial workers in the new period.

Yi Ran Model Worker Innovation Studio was established in 2010. The leader Yi Ran was known as "electric welding Hua Mulan". The studio team was mainly composed of industrial experts, professors of university, training teachers, model workers, front-line backbone and other technical leaders. It had three working groups as its subsidiaries, namely, technical advisory group, training and teaching group, and innovation and research group. The team covered all fields of truck manufacturing and welding system. The studio cultivated a large number of highly skilled talents, and participated in more than 100 times of tests of welding key projects of CRRC Zhuzhou Vehicle Company, participated in more than 60 tests of new material welding process and process qualification, and won more than 400 honors and awards.

Gong Yanhong Model Worker Innovation Studio of Tianjin Dagang Oilfield was located in the Third Management Station of the Sixth Operation Area of the Third Oil Extraction Plant of Dagang Oilfield. It was not only the cradle for the growth of talents but also the incubator of skilled talents. The comprehensive quality of employees was greatly raised through the following ways: "upgrading classroom on weekends", customizing training "package", adopting "master-apprentice pairing", teaching face to face, and learning side by side. The studio adhered to focus on production difficulties, aimed at convenience of R&D, practical operation and digital control high-precision process. The studio actively initiated projects, tackle key problems, and solved a large number of production problems.

Jiangkemeng Workshop is an innovation workshop established by Xue Ying and her colleagues. Xue Ying was a national women model worker in 2010. She was the honorary leader of Xue Ying Class of the International Aviation Component Factory of AVIC Xi' an Aircraft Industry Group Co., Ltd.. It was like a home and a research center. Over the past 30 years, Xue Ying led all team members to improve operation methods and technological processes, and implemented more than 100 innovation items such as lean manufacturing, which won high recognition from international aviation manufacturing cooperation companies. Xue Ying Class, which was named after her, and Jiangkemeng Workshop successively delivered more than 7,000 high-quality vertical tail wings. They constantly pushed "made in China" to a new height.

Qiu Honghui Model Worker Innovation Studio established Qiu Honghui Famous Teacher Studio for primary and secondary school teachers in Guangdong Province, and Qiu Honghui Model Worker and

Craftsman Talent Innovation Studio in Guangdong Province. It organized more than ten provincial-level on-the-job training classes for backbone teachers and more than 100 special lectures, trained a number of backbone and excellent teachers, and fully played the role of disipline leaders and model workers.

Liao Liping Innovation Studio of State Grid Zhuzhou Power Supply Company was established in 2011. Liao Liping led the team to obtain more than 200 patents and achievements and solved many practical problems on the front line of power and energy. Liao Liping was committed to cultivating talents for electric power work. She also often had discussions with young people. She combined class and extracurricular activities, and considered both teaching and educating.

Li Wenli Air Service Innovation Studio of China Eastern Airlines created a highland for talents of the cabin of China Eastern Airlines by means of "establishing one talent, cultivating one batch, driving one group and creating one generation". It played a unique role in advancing the growth of the cabin team of China Eastern Airlines and providing excellent services to passengers. Through experience passing on, the spirit of model worker and excellent professional quality were passed on and continuously developed.

These women model workers innovation studios broke through professional, industrial and regional boundaries and explored new modes of developing model worker innovation studios. They pushed forward the integration of mass people technological innovation activities and enterprise R&D chain and national innovation system, led the growth of skilled talents, set up a mechanism for everyone to be outstanding, and achieved the goals of high-quality development.

Part 2
Development Regularity of Women Model Workers

In the process of China's revolution, construction and reform, people are always the most active and creative factor. The women's liberation movement led by the CPC made economic independence the primary prerequisite for women's liberation, which required women's participation in social production. Women model workers are exemplars of Chinese women's participation in social production and practitioners of adapting the Marxist idea of women's liberation to the Chinese context. The historical changes in women model workers reflect the development of different industries at different times. The historical changes of women model workers reflect the development and changes of different industries in different times, but they share common regularities: They are led by the CPC and unswervingly follow the Party; they are able to work hard and skillfully, selflessly devoting themselves to the cause; they work hard and honestly in their own position, making outstanding achievements; they play an exemplary role in adhering to the combination of national interests, the requirements of the times and collective needs as well as insisting on the mass line to unite and lead the surrounding masses.

Women model workers of different eras share the common spirit of model workers, which is "love and devotion to work, strive for being first-class, hard work, innovation, indifference to fame and fortune, and willingness to dedication". Women model workers in different eras emerged in diverse industries, reflecting the affirmation of different labor values in different historical periods. There has been a general trend in which people used to value the labor of women model workers by how "hard and skillfully they work", but now people emphasize "more knowledge, skill and innovation". In the past, we advocated "working hard and devoting willingly", but now we emphasize "creative labor". We used to emphasize "selfless work", but now we advocate "playing a unique role in the family and society". This is an important exploration of the cause of Chinese women's liberation and has also made an important contribution to the global cause of women.

I. Shared Qualities

As witnesses, participants and contributors of national development, women model workers have studied diligently, made bold innovations, and made extraordinary achievements in ordinary posts under the leadership of the CPC. As exemplary leaders of Chinese women's participation in social production, women model workers in different eras appeared in different industries, and the criteria by which they were selected have changed, both reflecting the growth of Chinese women with the times and the progress of Chinese women's knowledge and skills. Although there are differences in how women model workers in different eras grew, their regularities include the following two aspects.

1. Creating Outstanding Achievements with Labor

The CPC has always insisted on "relying closely on the masses and mobilizing them" in leading the Chinese revolution and construction, making the masses the mainstay of production and the main force of economic construction. Moreover, it has been allowing the masses to select model workers who are experienced, prestigious and able to continuously lead the masses and set the trend. Under the leadership of the Party, the masses participated extensively in the production movement, and their attitude and enthusiasm towards labor were greatly stimulated, thus constantly creating new records and new achievements.

The selection criteria of model workers have been changing as time goes by, but always adhered to the principle of facing the front line, the masses and the grassroots. Front-line workers, professional technicians and farmers from ordinary posts have always been the main pools when selecting model workers. The most fundamental regularity for them to become the national women model workers is that they advocate labor, love their jobs and strive for first-class performance. With these good values, they have been creating excellence and reflecting their life value with honest labor.

First of all, women model workers are able to work hard and skillfully. Chinese industrial workers have never stopped on the road of self-reliant innovation. For example, Hao Jianxiu, a woman model worker from the older generation, created the "Hao Jianxiu Work Method", and Huang Baomei, also a woman model worker decades ago, created the advanced operation method of "single-line tour and double-sided care without backtracking". Zhuang Jing, a National Exemplary Worker of 2010 and a teacher of Mechanical and Electrical Engineering Department of Jining Polytechnic, has taught for 30 years, devoting herself to educational reform and teaching practice. She built a new system of "scientific and technological innovation + talent training". Tang Chengfeng, a National Model Worker of 2020 and a welder of Sichuan Chuanguo Boiler Co., Ltd., believed that "The beauty I pursue is not the beauty of one's appearance, but the beauty of skills, techniques and craftsmanship." Thanks to her perseverance on learning technologies, she was rewarded with superb welding skills as well as the title of "Rose of Welding". Besides, she had devoted herself to talent training and troubleshooting in welding productions.

Secondly, women model workers are selflessly dedicated. For example, Liang Jun, one of the first batch of National Model Workers in New China, is a representative of the new Chinese working women, the first woman tractor driver working in the black- soil fields of Northeast China. After graduating from college, she returned to the Great Northern Wilderness of China. She started as a tractor driver and grew into an agricultural machinery expert, contributing her hard efforts and wholehearted services to China throughout all her life. Her story has inspired generations of female workers to this day. Shi Tanwei, a National Model Worker of 2000 and the head of the seed station of Xianju County Agriculture Bureau, Zhejiang Province, has been working in agricultural industry for more than 40 years. She has won various awards for 17 scientific and technological achievements in agricultural technologies like promotion on improved seed breeding, seed introduction and trial planting, and seed management. After retirement, she set up the "Model Worker Studio of Veteran Cadres in Xianju County" and actively participated in voluntary service activities. Zhao Haifeng, a 2020 National Model Worker and the chief designer of AECC Hunan Aviation Powerplant Research Institute, was known as the "Mulan" in the field of overall structure design of aero- engines. She was deeply involved in the front line of field support, proactively taking on hard and demanding work in production, research and development and providing reliable supply of power for users on the basis of high-quality products and services.

Thirdly, women model workers are perseverant to industrious work on their posts. For example, Wei Fengying, a "good worker of Chairman Mao", was diligent in her work. With diligence, she did not seek fame or fortune but innovated in technologies. After retirement, she focused on training apprentices and caring for the next generation. Zhang Guimei, a 2000 National Exemplary Worker and the headmaster of Huaping County Ethnic Group Middle School in Yunnan Province, took communist belief as the educational concept while running the school, loving to help students, bravely shouldering heavy burdens, caring students like her own children, and keeping indifferent to her own health problems. She showed us a fearless image of determination to reform. Zou Jinwen, a 2015 National Model Worker and a researcher at AVC Beijing Institute of Aeronautical Materials, said, "I will do this thing in a down-to-earth manner in my life—to concentrate on studying the powder discs." Qiu Baozhu, a 2020 National Model Worker, said, "Keep focused and get used to being rigorous and serious; there will always be a reward for the effort, it may be late but will eventually come." Li Yizhi, a National Model Worker in 2020, had been dedicating herself to the community construction in Hohhot for 29 years. She could be a cleaner when it was difficult to clean up the garbage in the compound; she could be a repairperson when the heating pipes broke down; she could be a mediator when there were conflicts between neighbors. For many years, she had solved problems of many residents and was known as the "good Party Secretary" of the community and a "caring person" of residents.

2. Playing an Exemplary Role in the Masses

Model workers are the bridges between the Party and the masses because they are parts of the masses. They understand the real situation and know the true thoughts of the people; at the same time, as they have high prestige among the masses and they have stronger ideological awareness than that of the ordinary masses, they can convey the Party's policies. Therefore, commending model workers is an important working strategy to practice the mass line.

In the historical process of the Party leading the people, the working class has always followed the Party and carried the majortasks of the course. In various historical periods, with a high sense of master of the society, women model workers insisted on combining the national interests and the requirements of the times with collective needs, staying with the masses, and taking root in their posts. By doing all these, they had been trying to keep the masses united together and setting a role model for the people of all ethnic groups in China, particularly for the large number of women workers.

First of all, women model workers insist on integrating themselves into national interests, the requirements of the times with collective needs. Huang Baomei, the first generation of women model workers, insisted on working in the textile workshop for 42 years, practicing the determination of being a lifelong textile worker, doing only one thing in her life, that is, fighting for the goal of making good clothes for people all around the country. During her service, the three spinning workshop under her management was named the Collective of Model Workers in Shanghai; after she retired, she assisted the Xinjiang Production and Construction Corps to prepare for the construction of cotton spinning mill in Shihezi City and led more than 20 retired model workers to set up the Shanghai Yinghao Technology Industrial Company, which was known as the "model company" established to help the old model workers in need. Moreover, she became a member of Shanghai Municipal Moral Education Lecturer Group, telling children about the history of the Party and the revolutionary traditions.

Hu Shiping, a 1979 National Model Worker and a senior engineer of Luoyang Institute of Refractories Research Co., Ltd., emphasized that she has concentrated on only two things in her life: following the Party and doing practical work in refractories development, which served as her original intention and mission. She was deployed by the Party to the Northeast, the Northwest, and then to the Central Plains. Instead of asking the Party for anything in return, she made outstanding contributions to the development of refractory materials in China. After she retired, she instructed and helped the steel-making enterprises on the verge of bankruptcy tackle the problem of refractory materials and bring quite some back to life.

Secondly, women model workers insist on serving the people and striving for keeping them cohesive. For example, Yi Shijuan, one of the first generation of national women model workers, patiently and meticulously "passed on her experience, helped and led" co-workers. In 1953, the "Yi Shijuan Group" was officially named a "National Model Group in the Textile Industry", because the textile products they made were high in quality and output. In addition, the group also attached importance to ideological and political education and thus became a symbolic red flag on the national industrial front.

Qu Lanxiang, won the title of National Model Worker repeatedly and respectively in 1959, 1977 and 1979. Together with her seven co-workers, she formed the nationally famous "Eight Fighters" group and was met with proletarian revolutionaries such as Mao Zedong and Zhou Enlai. The team she worked in later nurtured three National Model Workers, including Lu Yonglan.

Sha Xilan, a 2015 National Model Worker and the head of the technical management department of the Port Machinery Factory of Nanjing Port Group, led the R&D team to continuously carry out technological innovation. She believed that in the process of cultivating and practicing the core socialist values, the role of a model worker should play is to "practice by oneself and then motivate the people around. Through everyone's efforts and innovation to realize the Chinese Dream".

In 2020, Liao Liping, manager of the maintenance company of State Grid Zhuzhou Power Supply Company, insisted on doing every simple task well and guarding the power supply to tens of thousands of families. She even continuously passed this spirit onto the members of her team. She summarized her experience with "five BEs", i.e., be responsible for her post, be enterprising for her career, be tolerant to her colleagues, be vigilant to learn new things, and be grateful to her team. Liao Liping's innovation studio is not only a training base for young workers to learn technologies and improve their skills, but also a center for technological innovation among workers.

Kou Qifang, a 2020 National Model Worker and a laid-off woman worker 20 years ago served as a "leader" in the poverty alleviation base of the sheep industry in Longyuan Village, Dahe Township, Wuzhong City, Ningxia Hui Autonomous Region. She had created a service model of "science and technology linking households" to promote the research and application of key technology of Ningxia sheep to an advanced level in the world, leading a large number of people out of poverty.

Thirdly, women model workers are an important source for Chinese women to learn from and train female cadres. Model workers not only play a leading role in production and work, but also are backbones to the collectives. They become the core strength of uniting the masses, especially female workers, while constantly improving the production capacity and various works. Without these women model workers functioning as the backbone, there would be no creation of model squad, platoons, companies, and other model units.

For example, Zhao Mengtao with her selfless dedication became an exemplary representative of workers in New China and a spiritual idol of the people in the 1960s. She made popular the awareness of everyone striving for being exemplary. As leaders of the Zhao Mengtao Group, Zhai Fulan was awarded the National Model Worker in 1979, Han Yumei in 1989, Zhou Huizhi in 2005, Liu Xiaoping in 2010, and He Fei in 2020. Generations of women model workers passed on the banner of "the Mengtao Spirit" from one to another.

Many of women model workers have been selected by the state and trained to become cadres on different posts. For example, Hao Jianxiu, who won the title of National Industrial Model Worker in 1951, grew from a female textile worker to a vice chairwoman of the National Committee of the Chinese People's Political Consultative Conference. Statistics show that a high proportion of women model workers are holding administrative positions in the places of their service, with nearly half of them serving as Party representatives and deputies to the National People's Congress and CPPCC members at all levels, and a certain proportion of women model workers are now in the leadership of the Party or government agencies at various levels.

II. Employment Distribution

Labor creates the world and struggle makes great achievements. In different historical periods, women model workers were allocated in different industries. With the tremendous changes in China' s economy and society, various new industries and new business forms have emerged, producers and entrepreneurs coexist, and knowledge-based, skillful and innovative talents are valued.

1. Turning from Selecting Mainly Workers and Farmers to Covering All Walks of Life

In 1950, National Model Workers were first selected in New China, targeting mainly the industry and agriculture sectors. In view of the national condition that China was dominated by agricultural production at that time, the selection conditions for agricultural model workers were specifically stipulated. Women model workers were mainly selected from the textile industry.

The four model worker commendation conferences in the early years of the founding of New China differed significantly in terms of the names of the conferences, the selection conditions and the objects of commendation, and the focus of commendation for women model workers shifted from workers, peasants and soldiers to exemplary individuals on the industrial front, and then to those on the cultural and educational fronts.

Around the time of the reform and opening up, China saw the second wave of model worker commendation, with five National Model

Worker commendation conferences held in over two years and "productivity" becoming the main criterion for selection. After the clarification that "intellectuals are part of the working class", the proportion of intellectuals and scientific researchers in women model workers continued to grow, covering industrial transportation, capital construction, agriculture, finance and trade, education, health, and scientific research fronts.

The 1989 National Model Workers and National Exemplary Workers Commendation Conference achieved full coverage of industries, with honorees coming from 51 systems or industries, including the industry, agriculture, transportation, finance and trade, infrastructure, scientific research, education, culture, health, and sports. Female leaders from state - owned enterprises (SOEs) came to the forefront of model worker commendation as reformers, and in addition, female athletes were elected as model workers.

As we entered the 21st century, the selection of model workers covered groups from all walks of life and all levels of society, the female private business owners and those who migrated to cities to work, reflecting a significant change in the composition of women model workers.

Since entering the new era, the composition of women model workers and their industries has reflected the features of the times: "labor is glorious, knowledge is noble, talents are valuable, and creation is great".

2. Transformation from Those "Working Hard and Skillfully" to "Knowledge-based, Skillful and Innovative Talents"

With the gradual improvement of women model workers'

educational background, knowledge and ability, they began to change from those who are " making great efforts, and working hard and skillfully" to knowledge- based, skillful and innovative talents.

During the New Democratic Revolution, women model workers were mainly agricultural workers, many of whom had very low education levels and were unable to speak profound truths and experiences. The training offered by the Party gradually improved their educational level and ideological consciousness.

At the beginning of the founding of New China, most women model workers used to be workers, peasants and soldiers. Many suffered in the old society and had deep feelings for the new society and the CPC. Thus, after being educated and inspired, they would have a strong sense of class and ownership. Since 1956, female intellectuals such as teachers, doctors and literary and art workers have appeared in women model workers.

Women model workers during the reform and opening up and in the new era of socialist modernization are generally better educated and have a deep understanding of their professions, occupations, trades and positions, as well as a strong sense of mission.

In 1989, women model workers commended by the National Model Workers and National Exemplary Workers Commendation Conference included front- line workers such as " the shining paving stone" Lin Yunyun, who was a road maintenance worker in Fujian Province, as well as professional talents such as Ge Sang Zhuo Ma, the associate director of External Communications of Tibetan People' s Broadcasting Station. There were not only cultural and sports talents represented by famous athlete Sun Jinfang, but also factory directors and managers who were determined to reform and innovation including Li Dezhen from Shandong Hisense Group.

In 1995, women model workers commended by the National Model Workers and National Exemplary Workers Commendation Conference included Guo Fenglian, secretary of the Party branch of Dazhai Village in Xiyang County, Shanxi Province, and Deng Yaping, an outstanding athlete.

In 2000, women model workers commended by the National Model Workers and National Exemplary Workers Commendation Conference included Luo Yuying, chairwoman of Nanchang Poyanghu Hotel Group Co., Ltd., who was a pioneering female village official and an outstanding entrepreneurial woman in China; Liu Nailan, chairwoman of Tianjin Huaming Group, who was an outstanding female entrepreneur in China; and Li Suli, a "caring person on the bus".

In 2005, women model workers commended by the National Model Workers and National Exemplary Workers Commendation Conference included Fan Jinshi, director of Dunhuang Academy in Gansu Province; Yang Minghua, an original laid-off worker, then an entrepreneur and chairwoman of the board of Shijiazhuang Huaying Glass Products Co., Ltd. in Hebei Province; and Wulan Qiqige, a herdswoman in Saiwusu Town, Urad Rear Banner, Inner Mongolia Autonomous Region.

In 2010, women model workers commended by the National Model Workers and National Exemplary Workers Commendation Conference included industrial workers like Xue Ying, a team leader of the international aviation components factory at AVIC Xi'an Aircraft Industry Group Company Ltd. in the aviation industry; Wang Zhen, farmer from Xiongzhuo Village, Jiangdang Township, Xigaze City, Tibet Autonomous Region; and Xu Hua, director of Xu Hua Studio, Social News Center, Shenzhen Special Zone Daily, Shen Zhen Press Group, who was an outstanding model figure in Shenzhen Special Economic Zone in its 30 years of history.

The selection of women model workers in the new era pays more and more attention to the laborer's professionalism, professional ethics and skill innovation, so that model workers can bond more tightly with the public and better lead the times.

Among women model workers honored at the 2015 National Model Workers and National Exemplary Workers Commendation Conference, the proportion of those with college education or above had increased significantly, and new occupations and titles such as the financial planner and agronomist had started to appear. Among them, there were Liu Yueting, senior agronomist and director of the Plants, Animals and Food Testing Center of Tianjin Entry-Exit Inspection and Quarantine Bureau; Tian Chunyan, manager and financial planner of Tongliao Central Street Securities Business Department of Hengtai Securities Co., Ltd. in Inner Mongolia Autonomous Region; Jing Yi, a writer of the Bai nationality as well as president of China Ethnic News and of China Ethnic Audio-video Publishing; Shen Chifeng, senior technician of SUFA Technology Industry Co., Ltd., CNNC, who had made outstanding contributions to the localization of nuclear power; and Zou Jinwen, researcher at AECC Beijing Institute of Aeronautical Materials, who had devoted her life to researching powder discs, the "crown" of turbine parts of aero-engines.

Zhu Yuhua, a 2015 National Model Worker,founded a night school at her own expense as a migrant worker to Beijing from the rural areas of Henan Province. This school provided legal study, skills training, psychological counseling and vocational support for migrant workers, and formed a team of more than 1,100 volunteers of Henan migrant workers in Beijing to establish the "home of Henan vegetables in Beijing". She also devoted herself to environmental protection by establishing Beijing ShouZi New Energy Co., Ltd. to implement the logistics operation of electric vehicles. She used to be a peasant, but later became the part-time vice chairwoman of the Fengtai District Federation of Trade Unions in Beijing and the chairwoman of the Union of Migrant Workers from Zhoukou City of Henan Province in Beijing.

Wang Yuling, a 2015 National Model Worker, was the chief researcher and professor-level senior engineer of the Railway Steel Laboratory of the Technology Center of Taiyuan Iron & Steel (Group) Co., Ltd. in Shanxi Province.She had been fighting in the frontline of the enterprise for a long time and was engaged in the research and development of new products and new processes. She took charge of completing the development of heavy-duty railway axle steel, high-speed train axle steel, locomotive axle steel, intercity train axle steel, export axle steel and motor rotating axle steel, etc., making outstanding contribution to helping China's axle steel products reach the international leading level and fill the domestic gaps.

Women model workers commended at the National Model Workers and National Exemplary Workers Commendation Conference in 2020 included Wang Yihua, a caring elder sister of migrant workers and a domestic helper of Shenyang Shengbaite Cleaning Service Co., Ltd.; Zhang Dongmei, a leader of farmers in the new era and chairwoman of

Binchuan Dongmei Vegetable and Fruit Professional Cooperative; Wu Er Bai, a representative of Tibetan workers and sanitation worker of Municipal Supervision Brigade of Maqu County in Gansu Province; Deng Yanmei, director of Network Operation and Maintenance Center of Guangzhou Branch of China Telecom Co., Ltd., who safeguarded the communication network under the attack of the Covid - 19 pandemic; and Zhang Jixian, director of Respiratory and Critical Care Department of Hubei Provincial Hospital of Integrated Chinese and Western Medicine, who was "the first to report the pandemic", etc.

Liu Li, a 2020 National Model Worker and a skilled expert of China National Petroleum Corporation, had been working in well sites for 29 years. She developed more than 200 innovations, solved one production problem after another with diligence and tenacity, and grown into a craftswoman of the nation renowned both inside and outside the industry. She won the China's Skill Award in June 2021, becoming the first female industrial worker to be ranked No.1 since the award was established. Yao Qiming, a 2020 National Model Worker and the director of the Motor Sports & Safety Research Center of Tongji Architectural Design (Group) Co., Ltd., was known as "the No.1 in designing Chinese race tracks" and was the only Chinese race track designer recognized by the FIA (Fédé ration Internationale del' Automobile). Chang Hongxia, a 2020 National Model Worker and a driver of the first team of the Fourth Passenger Transport Branch of Beijing Public Transport, drove nearly 500,000 kilometers safely. She put forward the "Ten Heartfelts" service method, and was rated as the "Top Ten Kindest Bus Drivers in China". She led the "Hongxia Innovation Studio" to develop seven achievements such as the filling machine for antifreeze, reuse device of filtered water and bus glass window sealer.

III. Spiritual Values

In the practice of revolution and development led by the CPC, the "Yan' an Model" of women's liberation has broken through the theoretical and practical pattern originally from the Communist International, which emphasized getting out of the family. The spiritual values formed by women model workers are of great significance to women's liberation movement with Chinese characteristics.

1. Enriching Spiritual Pedigree of Chinese Communists and Promoting Socialist Labor Values

It is an effective social mobilization method founded and applied by the CPC to select and commend model workers, and then publicize and carry forward the spirit of them. Among the first batch of great spirits in the spiritual pedigree of Chinese Communists, spirits of Nanniwan, the Great Northern Wilderness, women's volleyball, poverty alleviation and anti- pandemic all saw the participation of generations of women model workers. They enjoy a high reputation for their outstanding labor creation and selfless hard work and dedication, and are highly respected by the people, especially the women. They have become the bridge and link to convey the requirements of the Party and the state and to unite the masses, especially the women, in revolution and construction.

The spirit of model workers was conceived in the years of revolutionary wars, formed in the socialist revolution and construction period, developed in the new period of reform, opening up and socialist modernization, flourished in the new era of socialism with Chinese characteristics, and became an important part of the spiritual pedigree of Chinese Communists. Its connotation has grown constantly enriched.

During the revolutionary period, the "Yan'an Model" manifested the localized promotion of Marxist theory on women's liberation.The Party's values were extended to the grassroots in the urban and rural areas by mobilizing women through the establishment of women model workers as typical examples and epitomes; a new type of labor concept and labor ethics was established by honoring women labor heroes and rehabilitating the "loafers". Commending women model workers not only promoted women's standards and enthusiasm in productive labor, but also improved their status within families, further enhancing women's willingness and ability to organize and mobilize, which is conducive to mediating family conflicts and strengthening the governance of the grassroots. Women model workers became new elites at the local grassroots level and the local force of women's work, so that policies regarding women can be formulated and implemented in conformity with the actual situation in urban and rural areas.

The CPC has concretized women's liberation in the context of Chinese history and practice, embarking on the road of women's liberation with Chinese characteristics, laying the ideological, material and cultural foundation for women's liberation in New China, and providing valuable institutional ideas, ideological resources, organizational strength and historical experience for the formation of socialist labor concept with Chinese characteristics.

The women model workers in the early days of the founding of

New China are women's examples set up by the CPC, which are characterized by "being faithful to communism and well-trained for a certain profession", that is, they have high political consciousness and skills, practice policies of the Party and the government, and actively participate in productive labor and social activities. Women model workers, especially advanced producers, have obvious "technical characteristics" in the period of building socialism in an all-round way. As a new labor concept, technological innovation has been put forward, that is, it has gradually changed from emphasizing physical labor and hard work to attaching importance to technological innovation and management change, which shows that women model workers make progress together with society and move towards all-round development.

The women model workers represented by Shen Jilan were the active driving forces for the socialist transformation of Chinese society. Mutual aid groups and cooperatives were not only grassroots economic production organizations led by administrative power and relying on strict discipline, but also political mobilization and governance units with mass base. Driven by women model workers, women participated in collective labor with dividends, established the economic and political identity of the subject through labor, and became the revolutionary force to transform the family. The traditional family structure was gradually transformed, and women won self-liberation through labor.

Women model workers always insist on affirming "labor value". In the journey of realizing the great rejuvenation of the Chinese nation, women model workers are "enlighteners" and "planters" of the Chinese women's liberation movement and outstanding builders of the socialism with Chinese characteristics. Led by the CPC, women model workers have continuously contributed to blazing a new road of Chinese modernization, and been committed to building a socialist China with a high degree of material civilization and spiritual civilization.

2. Providing Nutrition and Carrier for Development of Socialist Spiritual Civilization

Women model workers in various era have made important contributions in their specific historical periods. They "dare to think, speak and act" in the technological innovation and revolution movement, "compare, learn, catch up and help" in the socialist labor contests, and are role models for Chinese women in their daily life and work.They reflect the essence and mainstream of socialist society, and their qualities and thoughts greatly exceed the ideological level of ordinary Chinese women, thus having the power of setting an example in the process of organizing and promoting Chinese women's liberation and becoming an example for Chinese women to learn from.

With the development of the times,many new changes have taken place in the selection criteria, personnel structure and spiritual connotation of women model workers. However, the model worker spirit of "loving their posts, striving for exellence, working hard, being brave in innovation, indifferent to fame and fortune, and willing to give" has always been a precious spiritual wealth and a powerful spiritual force, constantly providing nutrition and carrier for China's current and future spiritual civilization development.

For example, Shen Jilan, winner of the Medal of the Republic and a National Model Worker, was elected as the representative of the National People's Congress for many times. She contributed to the first

Constitution of the People's Republic of China, which stipulates "women of the People's Republic of China enjoy equal rights with men in political, economic, cultural, social and family life". She abided by "labor is liberation" throughout her life, and her claim of "equal pay for equal work for men and women" has played a fundamental role in promoting Chinese women's liberation and inspiring the emergence of a batch of women model workers from the perspectives of value and system.

"Equal pay for equal work for men and women" was officially written into the Constitution in 1978. Article 53 of the 1978 Constitution states: "Women enjoy equal rights with men in all aspects of political, economic, cultural, social and family life. Men and women receive equal pay for equal work." Article 48 of the 1982 Constitution inherits a similar expression: "Women in the People's Republic of China enjoy equal rights with men in political, economic, cultural, social and family life. The state protects women's rights and interests, implements equal pay for equal work for men and women, and trains and selects women cadres."

After 1982, the Constitution was amended in 1988, 1993, 1999, 2004 and 2018, but the expression of Article 48 was retained. On the value level, "equal pay for equal work for men and women" not only reflects equality between men and women, but also is the requirement of socialist society. Women's liberation and equality between men and women driven by women model workers are the missions and goals pursued by New China, and are also connected with the socialist nature of the country.

IV. "Dual Role"

Women model workers not only play a leading role among the people, especially women.Moreover, they have played a unique role in family and society, and its " dual role " has made outstanding contributions to boosting the coordinated development of material civilization and spiritual civilization and promoting the all - round development of society, which is a valuable socialist wealth accumulated in the course of Chinese revolution and development.

1. Giving Full Play to Its Leading Role as Advanced Group of Chinese Working Class

Labor enables women to gain legal status and personal dignity. Participating in labor outside of the family contains great liberation power, which is the logical extension of Marxist women's liberation. The CPC constructs the folk ethics of women's diligence into the discourse of socialist revolution and development. Commending women model workers is an important way to shape labor concept and socialist moral discourse, and labor itself becomes the standard of moral judgment.On behalf of working women, women model workers have gained a kind of dignity, which brings women a sense of equality, responsibility and honor.

With the continuous development and growth of women model workers, giving full play to its leading role as an advanced group among the Chinese working class is the great achievement of promoting the Sinicization, modernization and popularization of Marxist theory on women's labor liberation on the basis of adhering to and developing Marxist theory on labor liberation and combining with the actual changes of national conditions, world conditions and the needs of women's liberation, which has contributed greatly to national independence and people's happiness. For example, in 2020, Han Liping, a National Model Worker and CNC miller of Tsinghua Machinery Factory, the first president of China Aerospace Science and Technology Corporation, was entrusted with missions of overcoming technical difficulties that restrict engineering development for many times during the research and production of Shenzhou spaceship and lunar exploration satellite launch support system as well as national key weapons and equipment products, finally becoming a "blue-collar academician" who holds up rockets with the spirit of "slimmest of margins". Another example is He Guanghua, a National Model Worker and director of the Cable Transportation Inspection Office of State Grid Wuxi Power Supply Company in 2020, who won the second prize of the National Science and Technology Progress Award for the innovative achievement "Innovation and Application of Non-destructive Construction Technology for High Drop High Voltage Cable Lines".

Since the Chinese Soviet government, women model workers have always been a solid relying force for the governance of the CPC by carrying forward the spirit of unity, cooperation, mutual assistance and friendship, strengthening women's unity, increasing the solidarity between the working class and other working people, and enhancing their confidence and determination to overcome various difficulties.

2. Giving Full Play to Unique Roles in Social Life as Caring for Family and Raising Offspring

During the period of socialist revolution and development, the family, as the basic production and political unit, was consolidated and united after transformation, and a new family was built guided by the CPC. Driven by the exemplary power of women model workers, Chinese women's identity and status have been recognized through the participation in labor. Labor makes women go out of their families and become new people with subjectivity, and then become revolutionary forces to transform and consolidate their families.From going out of the family to participating in collective labor to organizing to participate in family-based production, the connection between women's liberation and family life was established, and the combination of individual labor with socialist development, traditional ethics and revolutionary ideals was realized.

Since the founding of the People's Republic of China,driven by women model workers, "(women) focus on production and life at the same time", have successfully changed their identity and started to make money by participating in public work. They have made full use of socialist discourse and thinking, actively adjusted the unequal relationship within the family, and made all members including husbands participate in housework, which is the gender division of labor within the family.

General Secretary Xi Jinping pointed out, "We should do a good job in family work and give full play to women's unique role in social life and family life","we must adhere to the socialist core values to guide women to love both the family and the nation, and lead family members to sublimate their feelings of patriotism and family love, build a loving family relationship, carry forward the family virtue of upward goodness, and embody the family pursuit of co-construction and sharing",and "we should help women handle the relationship between family and work well, and become modern women of the time who are responsible for society and contribute to their families".

With the development of economy and society, women model workers have gradually changed from "sacrificing the family for the country" to "caring for the family and the country, giving priority to the country before the family".The older generation of women model workers set an example first, inherit the fine family style, and cultivate the feelings of family and country, which is a model of "taking care of both the family and the country".Huang Baomei, the first generation of women model workers, won the title of "National Civilized Family" and "National Most Beautiful Family".During the Covid-19 in 2020, Huang Baomei gave full play to her exemplary role and took the lead in calling on her family and community residents to donate money and materials together, making contributions to the fight against the pandemic.

Sha Xilan, a National Model Worker who was awarded the honor of "The Most Beautiful Worker" by the Publicity Department of the Central Committee of the CPC and the All-China Federation of Trade Unions in 2015, advocated the combination of efficient work and happy life. She described her life as "two points make one line" and she was "good at striking the balance". On the balance of life, the weight of her career side should be as heavy as that of her family.As she said, "From overcoming small problems, slowly accumulating self-confidence, to overcoming big problems, growth and progress will come as a natural process."

Wang Yihua, a 2020 National Model Worker, took pleasure in helping her younger brothers and sisters to settle down in Shenyang, and mobilized the whole family to help those in need around her.Her good deeds of caring for migrant workers have been strongly supported by her husband and two daughters, who have also actively participated in voluntary service to help migrant workers. The eldest daughter, Wang Shuang, is a dance teacher and often gives free classes to migrant workers' children in her spare time. In 2019, Wang Yihua and her family won the honor of "the Most Beautiful Family" in China.

Jiang Bo, chairwoman of Qingdao Horizon Vegetable Professional Cooperative, is a National March 8th Red Banner Pacesetter and a model worker in Shandong Province. As a model worker who came out of the field, she and her husband started a business to bring Qingdao agricultural products into the "Goods Selling Workshop of Craftsperson of the Nation", leading the villagers to get rich together.As a mother, she actively mobilized her only child Wu Junjie to join the army. In 2021, Jiang Bo and her family won the honor of "the Most Beautiful Family" in China.

The practical activities of the All - China Federation of Trade Unions themed "Cultivating a Good Family Style- Female Workers in Action" dig deep into the families of outstanding workers among model workers, exemplary workers, craftsmen and skilled talents at all levels, vigorously publicize the outstanding deeds and the spirit of the times of employees in carrying forward family virtues, highlighting civilized fashion and interpreting the connotation of happiness, and contribute to the formation of a new socialist family civilization fashion of loving the family and the country, being kind to each other, being good and upward, co- building and sharing.

Women model workers have practiced what General Secretary

Xi Jinping said with their own practical actions, " Only when the country and the nation are sound can the family be well - off", "Chinese people have always emphasized loyalty to serve the country. In the revolutionary war years, mothers taught their children to fight against the Japanese, and wives sent their husbands to the battlefield. During the socialist development period, giving priority to the country before the family and sacrificing the family for the country reflect the family pursuit of living upward and embodies the noble feelings of family and country".

V. International Significance

Women's rights and status are important symbols to measure the progress of the times, and the expansion of women's rights is an important mirror of historical progress. Engels believed that " in any society, the degree of women's liberation is the natural yardstick to measure universal liberation". The CPC has made arduous explorations and unremitting efforts to accomplish the two historical tasks of national independence and people's liberation as well as national prosperity and people's happiness. As a representative group practicing the road of women's liberation and development with Chinese characteristics, women model workers have formed their own traditions and made important contributions to the global women's liberation.

1. Women Model Workers Are Representatives Practicing Road of Women's Development with Chinese Characteristics

"Why can the CPC succeed" and "why is socialism with Chinese characteristics good" initiated by the CPC give perfect answers to the development course of China' s women model workers in the past 90 years. Combining women ' s liberation, labor liberation and political participation is one of the characteristics of the CPC in carrying out the mobilization of women' s revolutionary and women' s liberation.

Women' s liberation is the consistent call and proposition of the CPC since its founding. In July 1922, the *Resolution on Women' s Movement* of the Second National Congress of the CPC was the first programmatic document on women' s movement in Chinese history.The document clearly states that only in the socialist society can women' s liberation be fully realized. " Women ' s liberation should be accompanied by labor liberation. Only when the proletariat gains political power can women be truly liberated."

This idea has broken the traditional mode of gender division of labor, reconstructed the gender relations in Chinese society, enabled women to gain economic independence, changed women ' s social identity, and improved their status in the family, thus changing the traditional family relations in China. The glorious image set up by women model workers has encouraged and promoted women ' s participation in labor production, which is not only the need of women' s liberation itself, but also the need of socialist revolution and development, and the two are harmonious and unified.Chinese women' s labor enthusiasm, creative power and development potential have been fully stimulated by women model workers, and women ' s labor liberation has made a historic leap forward and acquired fundamental guarantee.

The women of New China have broken the traditional gender division of labor by participating in social productive labor and the management of state and social affairs. Whether in family life or social life, women's labor liberation has promoted the idea of "equality between men and women" in the hearts of the people and embodied in political, economic, social and cultural aspects. The process of Chinese women's social liberation is a process of women's overall self-liberation and self-shaping driven by advanced groups such as women model workers. Gender equality is also a part of relations of production. Without the transformation of relations of production, it is impossible to truly realize gender equality and women's liberation.

According to the 2018 International Comparative Report on Labor Statistics of the Bureau of Labor Statistics of the US Department of Labor, *Global Labor Participation Rate Data Report*, China's total labor force and labor participation rate rank first in the world. Among them, China's male labor participation rate reached 90%, which is equal to Brazil and other countries; the female labor force participation rate in China is nearly 70%, which is much higher than that in other major economies in the world (about 59% in the United States, 52% in Germany, 51% in France, 48% in Japan and 29% in India). From the comparative data, women's extensive labor participation is one of the main reasons for creating China's miracle. The rapid expansion of female workers in the past century, especially since the founding of the People's Republic of China, is inseparable from the leading role of women model workers.

It is worth noting that women account for more than 40% of the employed people in the whole society, and most families in China still maintain the tradition that women are the main undertakers of housework. Therefore, Chinese women are regarded as the main source of comparative advantage between China and other major economies. Women model workers drive women to build their families and lives while carrying out social production construction, that is, economic development and social development are carried out simultaneously.

Led by women model workers, China's basic national policy of equality between men and women has been implemented, and at the same time, it has promoted the improvement of Chinese women's status.In addition to participating in social productive labor on a large scale, women model workers from workers and peasants' families have become a new force for women to participate in the management of state and social affairs, which fully embodies the people's nature and democracy of the socialist road with Chinese characteristics.Therefore, women model workers are an important representative group of women's development with Chinese characteristics.

2. Women Model Workers Make Important Contributions to Global Women's Liberation

General Secretary Xi Jinping pointed out,"In the various historical periods of revolution, construction and reform, our Party has always insisted on writing the realization of women's liberation and development and equality between men and women on the banner of its own struggle, always regarded women as an important force to promote the development of the cause of the Party and the people, always put women's work in an important position, led China's women movement to achieve historic goals, and opened up the road of socialist women's development with Chinese characteristics."

Doing away with the "male power- patriarchal power- husband's power" society in China for thousands of years before the May Fourth

Movement, China has rapidly transformed into a new society that promotes equality between men and women and changes women's status.Many international development organizations regard China as a model for developing countries. The important reason is that from 1950s to 1970s, China did the best among developing countries in three fields: health (pandemic prevention, health care and medical treatment), education (including literacy for all, especially women) and infrastructure (irrigation, farmland water conservancy, etc.). Especially since the 18th National Congress of the CPC, led by the CPC Central Committee with Comrade Xi Jinping at its core, China has organized and implemented a tough fight against poverty with unprecedented scale, the greatest intensity and the greatest benefit to the population in human history. On February 25, 2021, General Secretary Xi Jinping solemnly declared that China had won a comprehensive victory in the fight against poverty at the National Poverty Alleviation and Difficulties Tackling Summary and Commendation Conference.In particular, China has increased assistance to people with special difficulties in groups such as women, children, the elderly and the disabled, and about half of the nearly 100 million poor people who have been lifted out of poverty are women.China, which accounts for nearly one- fifth of the world's population, has completely eliminated absolute poverty and achieved the poverty reduction goal of the United Nations 2030 Agenda for Sustainable Development 10 years ahead of schedule, which is widely regarded by the international community as the largest and most powerful anti- poverty struggle in human history.This is unique in the world, and it is also an important reason for the success of China's development.The majority of women model workers have played an extremely important role in this process, such as female workers like Liang Jun, a National Model Worker in 1950, barefoot doctors like Li Chunhua, a National Exemplary Individual in 2000, and rural female teachers like Zhang Guimei, a National Model Worker in Yimeng Mountain area in 2020.Led by the CPC, generations of women model workers have been closely integrated with the country's political, economic and social development, playing the main tune of "our workers are powerful" and making important contributions to the global women's liberation.

Women model workers are typical representatives of women who have changed from the object into the main participants of women's liberation movement.

Led by the CPC, the fate of Chinese women has been accompanied by the practice of socialist revolution and construction. In this process, labor is the fundamental factor that triggers the change, and women model workers have achieved self-liberation from body to mind through labor.

The model worker spirit represented by women model workers and the strong sense of value embodied, the mutual assistance and unity between people promoted, the participation of women and men in social labor advocated, the active production led by them and the rich development of mass cultural and sports activities, have distinct features, unique temperament and its own subjectivity, emphasizing the consistency of rights and obligations, which is conducive to the harmonious development of family, society and country.

Women model workers not only rely on women's own strength to implement gender equality, but also push Chinese women to walk in the forefront of the times.

A large number of female workers, farmers and intellectuals from various industries and ethnic groups across the country have become model workers. They are not only extraordinary in ordinary posts, but also creators of material civilization and spiritual civilization, model leaders of the people, and an important force to promote social development and progress.Moreover, it has become an important source of cadre training. Many women model workers serve as Party representatives, deputies to the National People' s Congress and CPPCC members at all levels, which greatly enhances the opportunities and abilities of Chinese women from ordinary families to participate in politics and manage public affairs.

Women model workers are people with "the greater self" that emphasize selfless dedication. They realize self- liberation and promote economic and social development through labor; they take the initiative to shoulder greater responsibilities, unite the people, inspire and lead the vast number of Chinese women to work together, make unremitting efforts to realize women' s self - liberation, and make significant contributions to the global cause of women' s liberation.